MITOS URBANOS

Atrévete a Conocer los Mitos Urbanos más
Inquietantes del Mundo

JESSE BARTON

© Copyright 2021 – Jesse Barton - Todos los derechos reservados.

Este documento está orientado a proporcionar información exacta y confiable con respecto al tema tratado. La publicación se vende con la idea de que el editor no tiene la obligación de prestar servicios oficialmente autorizados o de otro modo calificados. Si es necesario un consejo legal o profesional, se debe consultar con un individuo practicado en la profesión.

- Tomado de una Declaración de Principios que fue aceptada y aprobada por unanimidad por un Comité del Colegio de Abogados de Estados Unidos y un Comité de Editores y Asociaciones.

De ninguna manera es legal reproducir, duplicar o transmitir cualquier parte de este documento en forma electrónica o impresa.

La grabación de esta publicación está estrictamente prohibida y no se permite el almacenamiento de este documento a menos que cuente con el permiso por escrito del editor. Todos los derechos reservados.

La información provista en este documento es considerada veraz y coherente, en el sentido de que cualquier responsabilidad, en términos de falta de atención o de otro tipo, por el uso o abuso de cualquier política, proceso o dirección contenida en el mismo, es responsabilidad absoluta y exclusiva del lector receptor. Bajo ninguna circunstancia se responsabilizará legalmente al editor por cualquier reparación, daño o pérdida monetaria como consecuencia de la información contenida en este documento, ya sea directa o indirectamente.

Los autores respectivos poseen todos los derechos de autor que no pertenecen al editor.

La información contenida en este documento se ofrece únicamente con fines informativos, y es universal como tal. La presentación de la información se realiza sin contrato y sin ningún tipo de garantía endosada.

El uso de marcas comerciales en este documento carece de consentimiento, y la publicación de la marca comercial no tiene ni el permiso ni el respaldo del propietario de la misma.

Todas las marcas comerciales dentro de este libro se usan solo para fines de aclaración y pertenecen a sus propietarios, quienes no están relacionados con este documento.

Índice

Introducción	vii
1. ¿Qué son las leyendas urbanas?	1
2. Leyendas Urbanas Y Teoría Del Rumor	11
3. Teoría social y leyendas urbanas	27
4. Memes y selección emocional	39
5. Cultura, sociedad, folclor y leyendas urbanas	51
6. Leyendas urbanas y su impacto comercial	71
7. Por qué persisten las leyendas urbanas	79
8. Leyendas urbanas más conocidas en el mundo	93
9. Creepypastas y leyendas urbanas de Internet	135
Conclusión	163

Introducción

Si abres el correo electrónico de cualquier persona, es probable que encuentres una advertencia sobre los peligros que acechan a los productos o situaciones cotidianas, una rebelión contra las empresas codiciosas o historias de injusticia. Estos relatos de desgracias, conocidos colectivamente como Leyendas Urbanas, se comparten habitualmente a través del correo electrónico en la sociedad actual, pero también pueden compartirse a través de otras vías de comunicación. Estas leyendas suelen ir acompañadas de afirmaciones como "No sé tú, pero yo no volveré a comprar en Wal-Mart nunca más", "No puedo creer que el Congreso se salga con la suya" o "No sé si esto es cierto, pero por si acaso...". En algún momento de la vida, casi todo el mundo ha caído en una leyenda urbana. ¿Cuántas

Introducción

personas creyeron de niños que los mentos y los refrescos explotaban en sus estómagos? ¿Cuántos creyeron que un establecimiento de Kentucky Fried Chicken sirvió una vez una rata frita? Es fácil ver por qué los niños impresionables, en particular, creerían estas historias. ¿Por qué los adultos, por lo demás juiciosos, dejarían de lado la razón y abrazarían de todo corazón una advertencia anónima? ¿Qué impulsa a esa persona a comunicar estas historias a otros? ¿Qué es lo que hace que estas historias proliferen en la sociedad?

¿Por qué algunas sobreviven a años de escrutinio?

Para determinar las respuestas a las preguntas planteadas, se recurrirá al estudio de varias teorías. Tras definir primero qué es una leyenda urbana y detallar sus componentes clave, se hará una exploración de las teorías sociales y de los rumores para explicar la respuesta humana. Se descubrirá que las leyendas en sí mismas pueden no cumplir ningún propósito real en cuanto a la acción declarada (no usar un determinado producto, por ejemplo) para muchas personas, pero satisfacen necesidades emocionales. Proporcionan la validación de los miedos y, por tanto, pueden aliviar la ansiedad al darle un objetivo tangible.

Introducción

A algunos les reconforta que se confirmen sus creencias, aunque sean negativas, mientras que otros disfrutan con la "prueba" de sus prejuicios. Por otra parte, una persona puede no creer necesariamente en la veracidad de una leyenda, pero puede disfrutar de la interacción social o de la unión del grupo que supone compartir la historia.

A continuación, se explorarán modelos de teoría social y epidemiología para ayudar a explicar por qué las leyendas urbanas se extienden y perduran a pesar de un escrutinio fulminante de su razón de ser y su verdad.

Sería razonable creer que una vez que una leyenda como la de la rata frita de Kentucky se desacredita, desaparece.

Sin embargo, ha perdurado durante más de 30 años.

Ignorando la verdad y los esfuerzos por explicar por qué una historia no es cierta, algunas personas simplemente quieren creer algo y se aferran a ello. Además, al igual que en la epidemiología, nuevas audiencias no inmunes están expuestas a las leyendas urbanas que vuelven a circular, por lo que las viejas narrativas pueden volver a ser nuevas.

1

¿Qué son las leyendas urbanas?

Las leyendas urbanas son una forma popular de folclore moderno en la sociedad actual. Suelen ser intrigantes historias de desgracias y fechorías corporativas con detalles espantosos que excitan -y a veces incitan- a su público.

Aunque a menudo sólo contienen una pizca de verdad, o tal vez ninguna, son generalmente aceptados como hechos y gozan de una rápida difusión. Si en el pasado se recurría al rumor de boca en boca, en la era electrónica actual existen diversos métodos de comunicación instantánea que permiten llegar a un público más amplio. Estas leyendas suelen adornarse y adaptarse a una región o situación concreta.

. . .

Miradas con un poco de escepticismo, las leyendas permiten identificar los signos reveladores de que una leyenda no es cierta, al menos no del todo como se comunica. A pesar de los signos y, a veces, de la duda de un individuo, a menudo se transmiten a otros. El estudio de las características comunes de las leyendas urbanas ayuda a desglosar estos relatos en componentes específicos para explicar por qué se cree en una historia y por qué las leyendas urbanas tienden a soportar la doble prueba del tiempo y la razón.

No hay ninguna razón específica por la que la gente crea en las leyendas o por la que determinadas leyendas sobrevivan al escrutinio y al tiempo. Sin embargo, hay un simple hilo conductor que parece unir todas las posibles razones. Las leyendas urbanas suelen hablar de las angustias, los miedos y las condiciones cambiantes de la sociedad y, al hacerlo, se aprovechan de las emociones.

Proporcionan un medio para validar los miedos, demostrar al público que una entidad es fría e indiferente tal y como pensaba, o abordar cualquier número de ansiedades. Es a través de la revisión de la teoría del rumor, las teorías sociales y los modelos de epidemiología que se puede delinear cómo las leyendas urbanas captan fácil y completamente a su público y se perpetúan a través del tiempo.

Antes de intentar esbozar la respuesta a las preguntas sobre la creencia y la tenacidad de las leyendas urbanas, sería útil definir qué se entiende por "leyenda urbana" y las características comunes de estos relatos. El sitio Merriam-Webster.com define una leyenda urbana como "una historia o anécdota a menudo escabrosa que se basa en rumores y que circula ampliamente como verdadera".

Existen variaciones de la definición, que se expondrán en posteriores debates sobre las teorías. Hay ciertos elementos, tópicos y temas que se comparten entre las leyendas urbanas. En su libro La verdad nunca se interpone en el camino de una buena historia.

Para que una leyenda urbana interese a su público, es útil, si no completamente necesario, incluir especificidad y verosimilitud. Una de las claves de una leyenda es también la razón por la que la gente es susceptible de creerlas: se presentan como si fueran de una fuente familiar. Jan Brunvand clasifica claramente estos elementos.

En primer lugar, están los rasgos distintivos de la leyenda urbana moderna.

Estos son algunos de los signos reveladores que ayudan a identificar una historia como leyenda urbana: 1) insistencia en la veracidad de la historia, 2) atribución a amigos de amigos, 3) antigüedad de la historia y 4) variaciones en los detalles.

Algunos de los temas comunes que se tratan en las leyendas urbanas son 1) coches, 2) muerte, 3) crimen, 4) emergencia familiar, 5) mascotas y 6) comercio. Los temas no son mutuamente excluyentes y las leyendas analizadas en este libro suelen llevar una combinación de estos elementos en su contexto. Una vez establecidos los "hechos" de la leyenda, se hará evidente un tema.

. . .

Algunos de los temas más comunes en las leyendas urbanas son 1) malentendidos, 2) justicia poética, 3) estafas comerciales y 4) venganza.

Una historia suele empezar diciendo que la ha escuchado un amigo o familiar de un amigo no identificado, de un oficial de policía, o "en las noticias". Puede que no se nombre la fuente exacta; rara vez se transmite la leyenda a partir del relato en primera persona. Esta fuente imprecisa no parece importar porque "un amigo" no mentiría.

Tras la fuente anónima pero fiable se encuentran los detalles adicionales que dan credibilidad y hacen que la historia sea relevante para el público. Estos detalles incluyen información como el nombre de una calle concreta, la ciudad, el nombre de un negocio o una escuela, e incluso el nombre de una fuente de noticias. En la evolución de una leyenda, los rumores locales a menudo se entretejen para dar detalles adicionales a la narración. Si se comparan las siguientes historias, se puede ver por qué la segunda tiene más probabilidades de ser creída y se transmite más fácilmente que la primera.

Versión uno de la leyenda

Una señora en una tienda local estaba buscando en una pila de mantas. Al meter las manos en el montón, una serpiente la mordió y murió.

Versión dos de la leyenda

La prima de la mejor amiga de mi tía estaba comprando en los grandes almacenes Walmart del centro del país, justo al lado de la Interestatal 40. Mientras palpaba la textura de una pila de mantas, fue mordida por una serpiente enroscada en los pliegues. A pesar de ser trasladada al Hospital Bautista, la mujer murió.

Resulta que la manta venía de África. Una serpiente venenosa había hecho el viaje con el cargamento.

Como la serpiente era de África, el hospital no tenía el tipo de antiveneno adecuado. Mi tía dijo que creía haber leído en la revista Winston-Salem Journal un artículo al respecto en el que el hospital decía que, si la hubiera mordido una serpiente autóctona y venenosa, podrían haberla salvado fácilmente y se habría recuperado por completo. No sé ustedes, pero yo definitivamente siempre voy a comprar lo americano.

Es probable que una persona sea más escéptica con la versión número uno que con la versión número dos. La deficiencia de detalles y la relevancia de un lugar, persona o evento específico carece de la base para que la historia de desgracias del número uno sea compartida y difundida. Incluso si el público cree que es cierto, el anonimato y la falta de carácter dan pocas razones para recordar, y mucho menos para compartir, la historia.

En la segunda historia, están presentes todos los detalles destacados necesarios para atraer a una audiencia.

Una persona predispuesta a creerla, debido al miedo a las serpientes o a la preocupación por la mercancía procedente del extranjero, tiene toda la información necesaria en la versión dos.

La versión dos no sólo proporciona una buena historia para compartir, sino que valida las ansiedades y prejuicios existentes. Con las noticias legítimas sobre mercancías contaminadas procedentes de China en los últimos años, esta leyenda podría hacer juego con los temores que algunos estadounidenses pueden haber desarrollado sobre la seguridad de las mercancías producidas en el extranjero. Aunque el detalle de la leyenda afirma que la manta procedía de África, el narrador podría cambiarlo fácilmente por China o Taiwán o cualquier otra región que sea objeto de relevancia. No es raro que los detalles de las leyendas urbanas se modifiquen para adaptarse a las necesidades del narrador y hacerlas más relevantes para su público.

De hecho, muchas leyendas existen en múltiples formas localizadas. Una historia común y exclusiva de un campus puede resultar, de hecho, "única" para muchos campus de todo el país o del mundo. Los "Asesinatos de Halloween en el campus" es una leyenda que se repite cada pocos años en múltiples escuelas de todo el país y que se remonta a la década de 1960.

Según la leyenda, una psíquica (a menudo nombrada como Jeanne Dixon, pero a veces, y desde su muerte, sólo "una psíquica"), en un programa de entrevistas (esta parte varía - y por lo general se dice que se grabó, pero no se emitió como dice la leyenda) ha predicho que en Halloween un número específico de estudiantes serán asesinados en un momento específico por una persona específica. La leyenda aparece con diferentes pistas como la primera letra del nombre de la universidad o la ciudad en la que se encuentra, una descripción geográfica del lugar del campus en el que se producirá (por ejemplo, donde se juntan una colina y un edificio, en una casa de hermandad, en un dormitorio mixto), o se da algún otro detalle vago que puede aplicarse a numerosas universidades de todo el país. A veces la leyenda dice que un convicto o un enfermo mental fugado será el responsable de los múltiples asesinatos; otras veces se dice que es un profesor o un estudiante. Esta leyenda ha sido más común en el Medio Oeste, pero se ha extendido por toda la región. Sean cuales sean los detalles específicos, como en la ilustración anterior de las mantas infestadas de serpientes, el simple hecho de añadir especificidad añade relevancia y singularidad local a la historia.

. . .

Las características señaladas por Brunvand y Mullen proporcionan una fórmula para las leyendas urbanas.

La verosimilitud, la especificidad, una fuente fiable y un giro moral e irónico o un acto de venganza equivalen a una buena historia para compartir. Esta fórmula es el modelo básico de las leyendas y las variaciones, como se ha señalado anteriormente, son comunes.

2

Leyendas Urbanas Y Teoría Del Rumor

En 1972, Patrick B. Mullen escribió sobre la fusión del estudio de la teoría del rumor con el folclore para explicar las leyendas urbanas. Si bien el estudio de las leyendas urbanas suele encuadrarse en el folclore, no son precisamente el mismo tipo de historia. Merriam-Webster define el folclore principalmente como "costumbres tradicionales, cuentos, dichos, bailes o formas de arte que se conservan entre la gente".

Merriam-Webster añade una descripción adicional del folclore como "una noción, historia o dicho a menudo sin fundamento que circula ampliamente". La definición que da el mismo sitio para la leyenda urbana es "una historia o anécdota a menudo escabrosa que se basa en rumores y que circula ampliamente como verdadera".

El folclore puede ser una historia u otro elemento transmitido de generación en generación con el único propósito de entretener. Una leyenda urbana suele considerarse una forma de folclore moderno. Sin embargo, suelen ser cuentos con moraleja o están destinados a despertar emociones, normalmente, aunque no siempre, el miedo y la ira. Llegados a este punto, sería útil definir el término rumor.

En Merriam-Webster.com encontramos la definición de rumor: "charla u opinión ampliamente difundida sin fuente discernible". Las dos características -amplia difusión y ausencia de fuente discernible- coinciden con las características de las leyendas urbanas de ser ampliamente difundidas y basadas en rumores. Mullen afirma: "Uno de los conceptos sociales sobre la relación del rumor y la leyenda tiene que ver con el origen: las leyendas no son más que relatos convencionalizados de lo que originalmente era un rumor".

. . .

Mullen cree que la teoría del rumor revela más sobre la estructura y la difusión de las leyendas urbanas que sobre sus orígenes. Destaca que, aunque las leyendas y los rumores se relacionan a menudo porque ambos tienen la connotación de no estar fundamentados, en realidad ambos pueden ser verdaderos.

No sólo pueden estar arraigadas en la verdad, sino que, incluso cuando son falsas, tienen verosimilitud.

En su artículo "Modern Legend and Rumor Theory", Mullen identifica dos funciones que cumplen la ambigüedad de las situaciones que producen rumores y leyendas: la emocional y la cognitiva. Considera que las situaciones ambiguas, como las catástrofes naturales o los sucesos inusuales, producen ansiedades y tensiones. A través de la función de descarga emocional de una leyenda urbana, estas ansiedades se alivian al crear una validación de esos sentimientos y dar a la gente algo a lo que pueda ligar sus ansiedades.

. . .

Partiendo de la base de Mullen, una mirada más profunda a la teoría del rumor desarrolla aún más las explicaciones de las leyendas urbanas.

En su libro, "Rumor in the Marketplace: The Social Psychology of Commercial Hearsay", Frederick Koenig analiza los ámbitos específicos de los rumores en el mundo empresarial. Koenig define la leyenda urbana como un tipo de rumor. Un rumor, tal y como lo define Koenig, comienza con Webster.

En un principio, para que un rumor prenda, debe ser relevante para la persona que lo escucha para que ésta lo transmita. La siguiente persona también debe encontrarlo relevante para continuar la difusión del rumor. El caso del rumor de 1978 de que Wendy 's, y posteriormente McDonald' s, ponía gusanos rojos en sus hamburguesas sirve para ilustrar este punto. En Chattanooga, Tennessee, este rumor se extendió con bastante rapidez y los ciudadanos a menudo como "una historia o informe actual dentro de cualquier autoridad conocida por su verdad" y sigue siendo definido como no verificado y en circulación general. Como se ha señalado anteriormente, una leyenda urbana no está necesariamente desprovista de verdad, al igual que un rumor no verificado no es necesariamente falso. Koenig teoriza que los rumores prosperan en "condiciones de trauma social y amenaza personal" y además asocia los rumores que prosperan con lo que él define como las "tres C". Estos elementos fundamentales son la crisis, el conflicto y la catástrofe (y señala que podría incluirse el comercio, ampliando a cuatro Cs).

El 15 de agosto de 1978, Wendy 's recibió la primera llamada en relación con este rumor. La persona que llamó insistió erróneamente en que había visto la historia en el noticiero 20/20. A medida que la historia se difundió, las llamadas se multiplicaron con personas que insistían en que lo habían visto en programas como 20/20 y 60 Minutos.

La historia finalmente apuntó a McDonald 's con la insistencia de múltiples fuentes que lo confirmaron en las revistas de noticias de la televisión (no fue así). Por muy sensacionalista que fuera esta historia, nunca se habría difundido si no hubiera sido relevante para quienes la escucharon y la compartieron. Si el rumor se hubiera compartido con personas a las que los gusanos les parecían un aditivo aceptable y positivo para la carne de las hamburguesas, no habría habido ningún incentivo para que lo transmitieran ni para que llamaran la atención. Sin embargo, los estadounidenses no consideran que los gusanos sean aceptables en sus hamburguesas y los que escucharon este rumor se sintieron obligados a transmitirlo.

Hay otras razones por las que una persona puede participar en la difusión de un rumor o una leyenda urbana. Estas razones no son necesariamente excluyentes entre sí, ya que varias pueden operar simultáneamente. Además, puede haber razones situacionales para que una persona participe en la difusión de rumores cuando normalmente no lo haría. El tema en sí puede no ser tan importante para el que lo cuenta como la atención que le puede reportar. Algunas personas pueden transmitir historias para sentirse importantes o para llamar la atención. Si se recibe un refuerzo positivo, hay una razón para compartir la historia.

Schacter y Burdick descubrieron que los rumores se difunden más entre conocidos que entre amigos.

. . .

Por otro lado, está la escala de ansiedad manifiesta de Taylor, que mide el nivel de ansiedad de una persona. Los que obtuvieron el nivel más alto eran más propensos a compartir. El psicólogo holandés Chorus añadió lo que llamó "sentido crítico". Cuanto más alto es el sentido crítico de una persona, menos probable es que transmita una leyenda. Además, influye el nivel en el que una persona quiere participar. Este principio se remonta a la idea de relevancia. Si una persona alberga una opinión negativa de una empresa en particular, por ejemplo, aunque tenga un alto sentido crítico, es posible que siga participando ya que esa leyenda en particular habla de sus prejuicios.

Curiosamente, el hecho de contener detalles aterradores o grotescos puede hacer que una historia sea más apasionante y, en consecuencia, fomenta su transmisión. De hecho, estos rasgos a menudo pueden impulsar una historia con más facilidad que una historia positiva. Si una persona tiene un prejuicio preexistente, un rumor negativo que refuerza esos prejuicios puede ser extremadamente convincente para la persona que escucha el rumor y lo transmite.

. . .

Koenig cree que las personas con mayor ansiedad son más propensas a relacionar los rumores. Para algunas personas, afirma Koenig, los rumores pueden ser una fuente de validación de sus ansiedades. A pesar de las espantosas advertencias que suelen acompañar a las leyendas, algunas personas encuentran una sensación de seguridad al ver confirmados sus peores temores. La creencia en el cuento permite a los individuos temerosos el consuelo de saber que tenían razón para preocuparse y les da la munición necesaria para evitar consecuencias desastrosas que, según creen, podría ocurrir de otro modo.

Una leyenda urbana no tiene por qué ser relevante para el público si satisface otras necesidades. Por ejemplo, según las teorías de Koenig, a veces un rumor puede arraigar simplemente porque algo diferente a lo habitual puede resultar entretenido. Con una leyenda urbana, la historia, aunque no se crea que es al menos parcialmente cierta, puede transmitirse por su valor de entretenimiento.

En este tipo de situaciones, la historia no tiene por qué ser relevante o incluso importante para el público;

simplemente tiene que ser interesante y apartarse del statu quo.

En situaciones en las que hay una rutina mundana con poca actividad o información, lo que constituye "interesante" puede ser muy diferente de otros entornos más emocionantes.

Como afirma Koenig, es relativo al contexto de la situación y un "rumor puede ser sólo ligeramente interesante y aún así ser captado debido a la atmósfera poco estimulante". En situaciones como la militar, en la que hay mucho tiempo muerto, o en tiempos de guerra, en los que hay falta de información, los rumores proporcionan entretenimiento, significado y estructura. De nuevo, el interés depende del contexto de la situación. Al interrogar a sus alumnos sobre el rumor de que cierta comida dietética contiene 86 calorías en lugar de la 1 caloría anunciada, Koenig descubrió que la mayoría de los alumnos habían oído el rumor a través de lo que equivalía a una pequeña charla social. Aunque esa información podría haber sido interesante en cualquier momento para los que vigilaban sus calorías, para la mayoría era lo suficientemente interesante como para transmitirla en una situación social. En este caso, era interesante para los estudiantes como una forma de pasar el tiempo y establecer un vínculo social, pero no era importante para la mayoría de ellos.

Participar en el proceso de compartir una leyenda puede ser una experiencia socialmente gratificante.

A pesar de tener a menudo una connotación negativa, el hecho de compartir una "noticia" es generalmente aceptado como una acción positiva. Este tipo de refuerzo anima a compartir la información a pesar de que la leyenda pueda no ser ni remota ni totalmente cierta o de que pueda ser descorazonadora. Puede proporcionar a la persona que cuenta la historia la sensación de estar "al tanto" y de ayudar a los demás. La persona que escucha la historia puede sentir que se le está proporcionando una información valiosa que le hace importante para el narrador.

Una leyenda puede unir a un grupo que tiene pensamientos y creencias similares al proporcionar un contexto común en el que las mentes afines pueden sentirse validadas. Las leyendas conspirativas se aprovechan especialmente de los prejuicios y temores hacia grupos específicos de personas, organizaciones, el gobierno, afiliaciones religiosas y cualquier otra agrupación que represente una amenaza percibida. En una búsqueda en www.Snopes.com, utilizando la palabra clave "conspiración", hubo 66 resultados. Entre los resultados aparecía una vertiginosa variedad de conspiraciones que iban desde alunizajes falsos hasta la introducción del SIDA por parte de la CIA (un experimento que salió realmente mal). Había muchas leyendas que aprovechaban el miedo al terrorismo, una consecuencia natural de los acontecimientos del 11 de septiembre de 2001.

Sin embargo, una leyenda destacó especialmente porque combinaba el tema candente del "11 de septiembre" con un odio especialmente perturbador hacia los judíos. El antisemitismo no es ciertamente nada nuevo y quienes poseen estas creencias no parecen tener problemas para encontrar razones para odiar y vomitar todo tipo de conspiraciones judías. Una leyenda particular encontrada encaja perfectamente con quienes tienen prejuicios contra los judíos y creen que tienen planes nefastos para lograr sus objetivos. El siguiente es uno de los ejemplos más breves de correos electrónicos que circulan sobre el papel judío en los acontecimientos del 11-S. El sitio tituló esta leyenda particular "Ausente sin permiso".

. . .

---Ha sido confirmado por el Gobierno de los Estados Unidos y el FBI que en el momento del accidente había 4.000 judíos que **MILAGROSAMENTE** nunca fueron a trabajar [en] el edificio del World Trade Center en el momento del accidente. Esto quiere decir que los judíos sabían y fueron preavisados sobre el accidente que el WTC iba a ser golpeado....... ¡¡¡¡¡POR QUÉ??????

En todo crimen se mira quién es el que más se beneficia del acto. En este caso, este crimen ha sido un desastre para América, para el mundo, y también para los árabes y los musulmanes.

Los únicos que se han beneficiado de este acto de terror son los judíos. Esta no es la primera vez que Israel y los judíos han hecho algo así en nombre de otra persona para promover sus propias necesidades egoístas. Incluso han recurrido a matar a su propio pueblo para ganarse la simpatía y el apoyo del público. Este acto no está más allá de las capacidades y los actos malvados de Israel. En este caso parece que está claro para todos que los judíos/israelíes son los que más ganan y deben ser considerados como una posible fuente detrás de este acto.

. . .

Espero que el FBI siga la pista de la pistola humeante ya que nadie cometerá un acto a menos que tenga algo que ganar con él. Israel debería ser el principal sospechoso en este caso.---

Esta leyenda en particular juega con la ansiedad de un ataque terrorista y da un paso más allá y se aprovecha del odio a los judíos. (Aunque el autor nunca dice nada sobre odiar a los judíos, es obvio por el tono y el contenido que se trata de una obra de antisemitismo). Al proporcionar detalles de una conspiración -atacar a un país que en realidad es uno de los más fuertes y duraderos partidarios de tu país, echar la culpa a otro y luego asegurarse de que no haya víctimas de tu grupo particular- esta leyenda da mucho material para crear vínculos sobre el miedo y el odio a los judíos y a Israel.

Como lo ha puesto Snopes.com, es tan ridículo que no merece respuesta. Sin embargo, no es probable que nadie que quiera tener una razón para odiar a los judíos acepte ninguna explicación sobre la invalidez de esta leyenda. Es puramente una obra de ficción y el ejemplo perfecto de una leyenda conspirativa. Pero hubo suficientes personas que la creyeron (o quisieron creerla) que se difundió rápidamente por correo electrónico en 2001.

Una gran parte de las leyendas urbanas están relacionadas con el comercio y suelen contar historias destinadas a reducir a los "grandes" a un tamaño aceptable. Koenig señala la hipótesis de la frustración-agresión, que explica que cuando una persona se siente frustrada, desarrolla el impulso de desquitarse con otra persona mediante la agresión. La agresión se dirige generalmente hacia alguien que no puede defenderse. Contar una historia desfavorable sobre una empresa es una forma de liberar la frustración. A las empresas les resulta muy difícil defenderse, como diría cualquier persona de una corporación que haya sido víctima de una leyenda de este tipo.

Estos acontecimientos suelen producirse en momentos de estrés y también contribuyen a aumentar la ansiedad.

Hace referencia a dos experimentos en los que se evaluó a los participantes con la escala de ansiedad manifiesta de Taylor. La escala utiliza una serie de preguntas que el sujeto responde para determinar los niveles de ansiedad mediante preguntas de verdadero/falso como "me avergüenzo fácilmente" o "tengo pocos dolores de cabeza" que la persona responde por sí misma.

Las pruebas se hicieron antes de la simulación de rumores para medir la ansiedad preexistente. Los resultados de los estudios mostraron una fuerte correlación entre los niveles de ansiedad existentes y la frecuencia de repetición de un rumor.

Koenig concluye que la ansiedad que sentían los participantes aumentaba la necesidad de reducir la ambigüedad. Como se ha comentado anteriormente, la ambigüedad es un incentivo para la difusión del rumor.

Un estudio denominado "Personalidad autoritaria" llevó el proceso más allá al examinar las características de las personas que no toleran la ambigüedad y sufren altos niveles de ansiedad. El estudio concluyó que las personas que "fueron sometidas a una dura disciplina en la infancia sufren de ansiedad y son intolerantes a la ambigüedad".

Según Koenig, estas personas tienden a los extremos en sus creencias y a menudo son paranoicas y creen en conspiraciones. Aunque la disciplina severa en la infancia no es un requisito previo para que alguien crea en una leyenda urbana, una mayor ansiedad o paranoia puede ciertamente hacer que uno se aferre tenazmente a una leyenda que corrobore sus miedos o le demuestre que no puede confiar en nadie más ni en ninguna institución, independientemente de su estatura pública.

3

Teoría social y leyendas urbanas

En su obra "El efecto Goliat: dominio corporativo y leyendas financieras", Gary Fine aborda específicamente las leyendas relacionadas con las "grandes empresas" a las que se refiere Koenig. Las leyendas urbanas que se refieren a las empresas y los productos son clasificadas por Fine como leyendas mercantiles. Según Fine, las leyendas mercantiles vinculan a las corporaciones con un hecho negativo, exponiéndolas como uno de los tres tipos de corporaciones: malvadas, engañosas o descuidadas.

Un ejemplo de corporación conscientemente malvada (en las leyendas) sería McDonald 's. Según la leyenda,

Ray Kroc, el presidente, es miembro de la Iglesia de Satán.

Otras corporaciones malvadas, según la leyenda, incluyen a Uncle Ben's por donar dinero a la Organización de Liberación de Palestina; Proctor & Gamble por ser propiedad de la Iglesia de la Unificación ("Moonies"), un culto satánico, o un aquelarre de brujas; y, Schick Razors por ayudar a los nazis en la Segunda Guerra Mundial.

Una empresa engañosa sería aquella que contamina sus productos a propósito. Ejemplos de empresas engañosas serían McDonalds por poner gusanos en las hamburguesas, Chanel por poner orina de gato en el perfume, o Bubble Yum por poner huevos de araña en el chicle.

Una corporación descuidada es aquella que no se preocupa por sus clientes, sólo por el resultado final. Estas corporaciones no se consideran malvadas, sino que se consideran desinteresadas por los clientes, contratando empleados apáticos que son lo suficientemente descuidados como para causar una contaminación del producto.

La serpiente en la manta sería un ejemplo de este tipo de corporación. Es de suponer que las mantas se compraron con descuento, lo que convierte a la corporación en avariciosa y desinteresada en la calidad.

Independientemente del tipo, estas leyendas mercantiles reflejan la actitud de los estadounidenses hacia las empresas, especialmente las grandes. En 1979, Fine citó una encuesta de Gallup sobre la confianza de los estadounidenses en sus instituciones. En aquel momento, sólo el 32% de los estadounidenses confiaba en las grandes empresas. Una comprobación de las estadísticas de Gallup refleja que una encuesta similar indica que los estadounidenses tienen ahora un 16% de confianza en las grandes empresas.

Fine sostiene además que las leyendas mercantiles nombran de forma desproporcionada a las corporaciones líderes de una industria, modificando las diferencias regionales según sea necesario, de lo que ocurriría naturalmente. La idea que prevalece en el Efecto Goliat es que la gente es ambivalente con respecto a la "grandeza", lo que les hace desconfiar de las grandes empresas, y por ello las leyendas mercantiles se inclinan hacia las grandes corporaciones y los líderes del mercado en una proporción muy superior a la cuota de mercado. Hay tres premisas básicas en su teoría:

1. Un porcentaje mayor que el previsto por el azar se refiere a corporaciones o productos dominantes en el mercado.

2. Las leyendas que nombran a las corporaciones más grandes tendrán una mayor difusión.

3. Las leyendas cambiarán de objetivo, pasando de las empresas/mercados más pequeños a los más grandes.

Independientemente del tipo, las leyendas mercantiles reflejan la desconfianza de los individuos hacia las empresas, aunque los estadounidenses en general aprecian el progreso y el crecimiento. La mayoría de las leyendas que especifican una empresa o un producto concreto suelen nombrar a los más grandes o prestigiosos del mercado.

. . .

Por ejemplo, hay más leyendas que nombran a McDonald's que a Burger King o a Coca-Cola que a Pepsi.

Fine propone que esto se debe al efecto Goliat. No propone que la mayor parte de las leyendas mercantiles sigan el patrón, sino la mayor parte de las leyendas que sí especifican una empresa.

Algunas leyendas no son específicas y quedan excluidas de su propuesta. Además, afirma que la empresa no tiene por qué ser realmente la más grande o la más prestigiosa; sólo tiene que ser percibida como tal por la persona que cuenta la historia. A medida que el mercado cambia, también lo hacen las leyendas.

La intención de Fines no era probar sus afirmaciones, sino "demostrar su plausibilidad sometiendo [sus] datos a una interpretación basada en la psicología social humana".

Mediante la distribución de encuestas a sus alumnos, Fine identificó seis leyendas en las que un mínimo del

10% de su población estudiantil indicó que conocía la historia.

Las seis leyendas eran 1) el ratón en la botella de refresco; 2) la rata frita como el pollo; 3) los huevos de araña en el chicle; 4) los gusanos en las hamburguesas; 5) la comida para gatos y perros utilizada en una pizzería; y 6) el coche que se vende barato porque alguien ha muerto en él. En las cinco primeras leyendas, el 87,7% de los encuestados nombró específicamente a Coca-Cola, Kentucky Fried Chicken, Bubble Yum, McDonald's y Pizza Hut, respectivamente.

En el caso del coche, la leyenda cuenta que alguien pudo comprar un coche a un gran precio, sin saberlo, porque alguien había muerto en él. Evidentemente, el coche desarrolló un olor que el propietario no pudo eliminar. Se nombraron varios modelos, la mayoría de ellos considerados prestigiosos en la época (Corvette, Camaro y Cadillac).

Una revisión secundaria de los textos de Fine apoyó la idea de que un porcentaje desproporcionado de Goliats fueron nombrados específicamente en estas leyendas negativas.

. . .

Fine indica que en algunos casos una corporación específica es tan dominante que es sinónimo de un producto y adquiere casi un nombre genérico. Algunos ejemplos serían Kleenex, Jell-O y Xerox. Es bastante común que uno se refiera a cualquier marca de pañuelos faciales, gelatina o copiadora con los nombres de la marca. En este caso, la historia puede relatarse con nombres de marca en sentido genérico.

El nombre es "psicológicamente dominante" y, por tanto, se utiliza, aunque no necesariamente con la intención de manchar el nombre de la corporación específica. Si la leyenda se refiere a un establecimiento local, suele ser porque, o bien ese establecimiento es más dominante en la zona; o bien, se percibe que el establecimiento local tiene las mismas características que la corporación nacional.

Aunque no habla específicamente del efecto Goliat, Fine analiza el desafío psicológico que supone la innovación para los consumidores.

Mientras que con el tiempo las innovaciones se

aceptan, se aprecian y finalmente se dan por sentadas, la nueva tecnología puede ser a menudo un reto para los consumidores. Las leyendas del pasado indican que un niño o un animal mojado se metía en un horno para secarlo. A medida que la tecnología avanzaba, el horno fue sustituido por la secadora de ropa, y luego por el microondas. También se dice que el microondas se utilizó de forma incorrecta (se retiró la puerta) y con el tiempo cocinó las entrañas de un empleado del restaurante. Estas versiones de las leyendas hablan del miedo a los tipos de peligro que puede traer la nueva tecnología.

Algunas personas tienen dificultades para conseguir un artículo de lujo. Por ejemplo, la leyenda del coche de la muerte:

---¿Oíste hablar del flamante Thunderbird que se vendía por 200 dólares? Alguien había muerto en él, y el cuerpo no se encontró durante varias semanas, y el olor era tan malo y no se podía eliminar que se vendió por ese precio. ---

En el caso de esta leyenda del "coche de la muerte", existe una "tensión psicológica, la envidia por los que pueden poseer el coche y el reconocimiento inconsciente de que la riqueza no prolonga la vida". El olor es quizás no sólo de muerte, sino de sucio lucro.

El prestigioso coche deportivo simboliza la riqueza; la leyenda sugiere que la única manera de que la gente de clase trabajadora pueda obtener un producto así es si está defectuoso, es decir, si *apesta*.

Aunque una persona puede nombrar a la corporación líder en una leyenda mercantil simplemente porque ese es el nombre que le viene a la mente, dada su naturaleza predominantemente negativa, las leyendas mercantiles simbolizan la desconfianza y el miedo que la sociedad tiene hacia las grandes empresas. "El fundamento socio-psicológico de estas actitudes parece basarse en la separación del público de los medios de producción y distribución. Se percibe que las empresas se preocupan principalmente por los beneficios y sólo secundariamente por las necesidades de los consumidores. Como conocen a los propietarios como miembros de la comunidad, es menos probable que la gente extienda esta desconfianza a las empresas locales. "Estas narrativas populares son efluvios temporales de frustración" por la falta de control de las grandes empresas.

. . .

En su estudio de los problemas sociales, Joel Best y Gerald T. Horiuchi examinaron las leyendas urbanas relacionadas con el sadismo de Halloween.

El sadismo de Halloween consiste esencialmente en que la gente aprovecha la oportunidad de manchar los dulces y otras golosinas para hacer daño a los niños. Estas leyendas en particular incluyen historias de cuchillas de afeitar en manzanas, heroína en caramelos y otros métodos terribles para convertir una tradición que disfrutan los niños en otro día lleno de angustia para sus padres. Las historias se remontan a mediados de los años sesenta y principios de los setenta.

La hoja de afeitar en la manzana y otras leyendas de sadismo de Halloween en particular se afianzaron porque cumplían algunos criterios que Best y Horiuchi han identificado como necesarios para ganar atención y extenderse. En concreto, estas historias -en su mayoría sin fundamento- hablan directamente de las ansiedades generales y del miedo que los padres sienten por sus hijos. Si a esto le añadimos el miedo generalizado a la delincuencia y la desconfianza en los demás, tenemos los ingredientes de una leyenda.

Best y Horiuchi teorizan que el entorno cultural de la época en que se iniciaron estas leyendas se sumó a los factores que hicieron que estas historias fueran creíbles para muchos y que los periódicos pudieran informar sobre ellas.

Durante la época que identifican como el inicio de estas leyendas relacionadas con el sadismo de Halloween, señalan que se estaba produciendo un importante cambio cultural -los niños se rebelaban, había una guerra impopular, la definición de comportamiento aceptable estaba cambiando-; el país estaba en una crisis cultural. Aunque estas condiciones no están directamente relacionadas con las historias particulares de golosinas de Halloween contaminadas, sí retratan una época en la que la gente se sentía incómoda con los cambios en la sociedad, lo que tal vez proporcionó una oportunidad para situar su miedo en un tema específico. Según Alan Kerckhoff y Kurt Back, en "The June Bug", "en lugar de tener simplemente la sensación de que algo va mal, la creencia en una amenaza tangible permite explicar y justificar la sensación de malestar: en lugar de ansiedad, uno experimenta miedo, y entonces es posible actuar de alguna manera significativa con respecto a esta amenaza tangible en lugar de limitarse a sentirse frustrado y ansioso".

Los autores señalan el libro de Jan Bruvand "The Choking Doberman". Aquí, Bruvand cita el trabajo de los folcloristas que rastrean las leyendas a medida que evolucionan a lo largo de los siglos. Han descubierto que las leyendas tienen más probabilidades de persistir si tienen un mensaje general subyacente (por ejemplo, advertencias sobre la confianza en los forasteros) que puede adaptarse a nuevas situaciones.

Como ejemplo, señalan las historias de carne de gato en pasteles horneados en el siglo XIX que se reflejan en las historias modernas de ratas fritas en Kentucky Fried Chicken.

4

Memes y selección emocional

La Teoría de la Convergencia Simbólica (TSC) abarca en cierto modo la cuestión de por qué la gente cree en las leyendas urbanas y por qué las leyendas urbanas siguen siendo compartidas, se crean o no. En la comunicación, la TSC adopta un enfoque bastante directo y sencillo. El primer paso de la TCS es una fantasía compartida por un grupo. En este caso, la fantasía no pretende ser mística o erótica. Se trata más bien de una idea o experiencia compartida entre un grupo de personas. Cuando un grupo empieza a compartir ideas, se forma una cohesión.

A modo de ilustración, supongamos que hay un grupo de diez personas que se conocen entre sí, pero que aún no forman un grupo cohesionado, que se han reunido para trabajar en un proyecto en su lugar de trabajo. El primer paso en el STC es compartir la fantasía.

Un miembro puede expresar su consternación por el hecho de que al día siguiente va a llevar a su hijo menor a su primer día de guardería. Asintiendo con entusiasmo, otros seis miembros pueden compartir historias sobre cómo llevar a su hijo menor al jardín de infancia o el temor que sienten por cuando llegue ese día para ellos.

Este segundo paso es la reacción en cadena de la fantasía.

Al compadecerse de una experiencia o emoción común, el grupo ha empezado a crear un vínculo. Sin embargo, en el SCT, una experiencia no necesariamente va a unir a todo el grupo. Tomemos, por ejemplo, a las tres personas que quedan y que no pueden identificarse con el tema del jardín de infancia.

Sin embargo, a la semana siguiente, cuando el grupo se reúna de nuevo, uno de los tres restantes puede comentar un partido de baloncesto. Otras cuatro personas, incluida una de las dos restantes que no estaban en el grupo de la semana anterior, se unen con entusiasmo a la reacción en cadena de la fantasía. Cinco miembros diferentes se han unido a través de la fantasía compartida. En este caso, no se trata de un grupo único de miembros del equipo del proyecto.

Sin embargo, es un grupo diferente al de la semana anterior: algunos miembros son los mismos y otros son diferentes. Algunos miembros del subgrupo de la primera semana no están en el segundo subgrupo.

Para terminar con esta ilustración, mira lo que ocurre en nuestra ilustración durante la tercera semana. Una vez más, el grupo se reúne para trabajar en el proyecto.

Después de haberse reunido las dos semanas anteriores y de haber establecido un vínculo con las fantasías, los miembros del grupo se sienten un poco más cómodos entre sí. Antes de discutir el asunto que nos ocupa, hay algunos cotilleos y se comparten las fantasías entre los subgrupos. La única persona que no se unió a la reacción en cadena de las fantasías durante la primera o la segunda semana menciona lo mucho que disfrutó trabajando con el empleado X, al que todos conocen bien pero que no forma parte de este grupo. Se desencadena una reacción en cadena de fantasía y todos los miembros del grupo hablan de lo mucho que les gusta ese empleado.

Ahora, todos los miembros del grupo han compartido una fantasía con otros miembros del grupo al menos una vez, algunos dos veces y otros tres.

A medida que el grupo continúe reuniéndose, se producirán más intercambios de fantasías y el grupo seguirá estrechando lazos.

Al aplicar la teoría de la convergencia simbólica a las leyendas urbanas, surge un patrón similar al de la teoría de Koenig sobre el rumor en el mercado. Ambas teorías se basan en que una historia es relevante para la persona que la cuenta o la escucha para que sea retenida y transmitida. Las teorías también se basan en algunas nociones preconcebidas, aunque este hecho se establece más plenamente en la teoría de Koenig. En última instancia, ambas teorías se basan en el grupo de intereses compartidos para propagar la cohesión entre los miembros del grupo o la creencia y difusión de una leyenda concreta.

En "Emotional Selection in Memes: El caso de las leyendas urbanas", Chip Heath, Chris Bell y Emily Sternberg relatan los resultados de su estudio sobre la importancia de la selección informativa y emocional en el éxito de los memes. Un meme es un término propuesto por el biólogo Richard Dawkins para etiquetar el equivalente cultural de un gen. Como en los genes, los memes son componentes individuales de la cultura que pasan por la variación, la selección y la retención. Es en la parte de selección de los memes donde se centró. Para su estudio, se utilizaron leyendas urbanas, un tipo de meme.

Tanto la leyenda de las hamburguesas mejoradas con gusanos de McDonald 's como la del sadismo de los dulces de Halloween se especifican como historias falsas que se transmitieron como verdaderas. En lugar de la idea de que las leyendas sobreviven porque "proporcionan un comentario social perspicaz sobre el contexto cultural o económico", el equipo se dedicó a demostrar que los tipos de memes como las leyendas urbanas mencionadas sobreviven mediante un proceso de selección emocional basado en una psicología compartida frente a una cultura compartida. Las leyendas son "seleccionadas y retenidas en el entorno social en parte por su capacidad de aprovechar las emociones que son comunes a todos los individuos". El grado de veracidad de una leyenda urbana puede ser cuestionable, pero, al igual que los rumores, quienes la comparten suelen creer que es cierta, y un fuerte atractivo emocional puede hacer que tenga más éxito que una leyenda con más verdad.

El equipo de estudio formado por Heath, de la Universidad de Stanford, y Bell y Sternberg, de la Universidad de Duke, examinó la investigación psicológica sobre la teoría del rumor y determinó, al igual que Mullen y Koenig, que puede aplicarse a las leyendas urbanas. A pesar de que los rumores son menos complejos y estructurados, tienen en común con las leyendas urbanas el tipo de historias que se cuentan.

A través de la revisión del análisis psicológico de los rumores, el equipo descubrió que la literatura ofrecía dos explicaciones para la continuación de las leyendas: información y emoción. La explicación informativa es bastante sencilla. Las leyendas pueden proporcionar información útil y práctica o una moral social. Los autores del estudio coinciden con Koenig en que los rumores (leyendas urbanas) se difunden por la necesidad de comprender los acontecimientos o de dar sentido a situaciones complicadas. La necesidad de información se satisface cuando las leyendas generan un sustituto de las noticias que se anhelan pero que faltan.

La segunda explicación del grupo es el componente emocional de la leyenda, que combina tres características generales. En primer lugar, expresan emociones relativamente negativas. Difunden emociones como la ansiedad y el miedo. Y, en tercer lugar, aprovechan un estado emocional preexistente provocado por un acontecimiento como una catástrofe.

En el estudio de Memes, los investigadores plantean la hipótesis de que la explicación va más allá del simple razonamiento informativo y emocional. Consideran que el razonamiento emocional, tal y como se ha descrito anteriormente, es demasiado limitado.

La selección emocional es una explicación más abierta que "(a) ...nos permite explicar los memes que producen no sólo emociones negativas sino también positivas, (b) nos permite explicar los memes que no sólo responden a emociones preexistentes, sino que crean otras nuevas, y (c) nos permite explicar por qué los memes a menudo no implican una ansiedad difusa y generalizada sino emociones específicas e identificables". En primer lugar, aborda la creencia generalizada de que para que una leyenda tenga éxito debe ser de naturaleza negativa. Utilizando el popularísimo correo electrónico de que Bill Gates te enviará dinero o software gratuito si reenvías un correo electrónico, ilustran que una leyenda puede tener una connotación positiva y seguir teniendo éxito. Esta leyenda en particular es tan popular que ha sido modificada para dar nombre a algunas de las marcas más reconocidas del mundo, como Nike, Disney, Coca Cola y Honda. El mero hecho de pensar que "tal vez, y si realmente fuera cierto y no sólo un bulo" ha empujado a la gente a reenviar estos correos electrónicos, con la esperanza de que tal vez sean ciertos. Lo que vemos aquí es que, si bien la leyenda evoca una emoción, es la positiva y no la negativa la que se presume. Al pulsar Al aprovechar la creencia de la gente de que el mundo es esencialmente bueno y proporcionar una pequeña esperanza de que sólo por reenviar un correo electrónico se podría obtener un retorno deseable, este tipo de leyenda ha seguido teniendo éxito sin ser negativa.

La segunda condición que abordan es que una leyenda urbana se alimenta de las emociones existentes. Según G. W. Allport y L. J. Postman, que estudiaron la psicología del rumor en los años 40, "el rumor activa y confirma las actitudes preexistentes en lugar de formar otras nuevas".

Esta teoría se remonta a las "tres C" de Koenig: crisis, conflicto y catástrofe. Lo que no hace es permitir que las leyendas en sí mismas sean capaces de provocar emociones fuertes. Lo que propone el equipo de Heath es que no es necesario que exista una emoción, sino que una leyenda urbana puede crear emoción por sí misma.

. . .

Algunas personas disfrutan de la provocación de la emoción, y consumen estas experiencias (leyendas) por lo que les hacen sentir. Además, afirman que las personas pueden disfrutar del consumo de emociones incluso si éstas son negativas, utilizando como ejemplo a las personas que eligen leer un libro o ver una película de miedo. Si este es el caso, todo lo que tiene que hacer una leyenda es "aprovechar un deseo común de buena suerte" o "una experiencia común de miedo". Por otra parte, una leyenda puede tener éxito si proporciona un vínculo social. Si una leyenda aporta una emoción compartida por un grupo, puede unir al grupo sin necesidad de disfrutar de un consumo emocional o de responder a una emoción preexistente.

Si un grupo tiene una hostilidad común, una leyenda que aporte una rabia compartida puede unir al grupo. Lo que el equipo cree que es importante no es la emoción preexistente, sino la capacidad de que el consumo emocional y el vínculo social produzcan una coherencia en las emociones de un grupo de personas: si el miedo o la emoción, por ejemplo, no se comparten, la leyenda no tendrá éxito.

La tercera condición que cuestiona el equipo es que las leyendas urbanas impliquen emociones difusas. La selección emocional predice que "las ideas tendrán más probabilidades de sobrevivir si aprovechan un proceso emocional consistente que es compartido por toda la gente". En lugar de una ansiedad generalizada, es probable que el miedo, la ira o el asco sean más compartidos dentro de un grupo de personas. Como explica el estudio, a lo largo del enfoque de Dawkins, un meme permanecerá consistente en la emoción enfatizada. A medida que se transmite una historia, el narrador puede olvidar algunos de los detalles específicos, pero recordará las emociones que sintió al escucharla. A continuación, puede relatar la historia con algunos detalles modificados, pero aún así se incluirá la información necesaria para describir y provocar la emoción específica.

Para ilustrar este punto, se nos pide que consideremos la ira. Una persona puede no disfrutar del consumo emocional de la ira o tener una ansiedad preexistente hacia un grupo específico. Sin embargo, si ocurriera un acontecimiento que involucrara a ese grupo, podría abrir la puerta para que la persona se creyera el rumor. A modo de ejemplo, tomemos la historia de una guerra genérica y de países anónimos.

. . .

Tal vez un ciudadano del país X escuche que los ciudadanos del país Y (un amigo y aliado) no están haciendo todo lo que pueden hacer por el esfuerzo de guerra. Tal vez el país X esté racionando los alimentos y los suministros para apoyar a las tropas en el extranjero. El ciudadano oye que los ciudadanos del país Y no están racionando los alimentos y los suministros para abastecer a sus tropas. Como los ciudadanos del país Y no están haciendo su parte, las tropas del país X tienen que compartir sus suministros y se pide a los ciudadanos que se sacrifiquen aún más. Si un número suficiente de personas que antes no sentían ningún sentimiento contra el país Y se enfadan por esta información, entonces tendrá éxito y se propagará. Aunque puede haber una ansiedad generalizada por la guerra, la selección emocional se produjo por el enfado preciso y colectivo por que los ciudadanos del país Y no hicieran los mismos sacrificios.

Estos argumentos, extraídos del estudio sobre la selección emocional, han abordado las preocupaciones de las limitaciones impuestas a lo que han sido ideas ampliamente aceptadas sobre el éxito de los rumores, aplicadas a las leyendas urbanas.

5

Cultura, sociedad, folclor y
leyendas urbanas

En "La rata frita de Kentucky: Legend and Modern Society", Gary Fine analiza el impacto de los cambios sociales en el folclore, concretamente en las leyendas urbanas. La teoría es que, aunque las leyendas han existido a lo largo de los siglos, el folclore contemporáneo refleja los cambios de la sociedad. Como han señalado otros teóricos, la leyenda urbana ayuda a la gente a hacer frente a los cambios de la sociedad. Como ya han señalado otros autores de estudios y teorías, una "leyenda urbana" no es necesariamente algo que tenga lugar en un lugar urbano y Fine estipula además que "urbano" debe referirse a una condición socio-psicológica más que a la geografía. Para explicar cómo se establecen las leyendas urbanas y por qué se creen, Fine recurre a los estudios de los sociólogos para identificar los cambios sociales y su impacto en el folclore.

Utiliza "el gran cambio" de Roland Warren, descrito en siete componentes:

1. División del trabajo: A medida que la sociedad evoluciona, las personas se especializan más en sus habilidades y ocupaciones. Debido a esta evolución, falta un buen conocimiento general, lo que crea ignorancia en áreas que no caen bajo la especialidad de una persona. Fine establece un paralelismo con la creencia de que un animal o un bebé explotan en un microondas. Si alguien metiera una de estas criaturas en el microondas, si la sociedad no fuera tan ignorante, sabría que, aunque el ser se cocinaría, no explotaría.
2. Diferenciación de intereses y asociaciones: Si antes la comunidad se definía por la vecindad y la proximidad, ahora puede definirse por los intereses compartidos. En este caso, una persona puede conocer y

confiar mejor en alguien del trabajo o de un club al que pertenece pero que vive a muchos kilómetros de distancia que en una persona que vive al lado. El reajuste de la comunidad basado en los intereses compartidos ha creado una ansiedad entre grupos que no se entienden entre sí. "La grotesca historia de la niñera hippie que cocina un bebé en lugar de un asado es característica de la diversidad de estilos de vida, y resultado de la ansiedad que sienten los forasteros ante este grupo. La diferenciación de intereses también permite el desarrollo de tradiciones folclóricas subculturales -como el folclore de los que hacen dieta-, ya que las tradiciones folclóricas se desarrollan dentro de cada grupo que se esfuerza por obtener un sentido de comunidad".

3. En el pasado, la mayoría de las comunidades -y muchas familias- eran autosuficientes. Los miembros de la comunidad proporcionaban los servicios necesarios entre ellos. Las empresas y organizaciones locales han sido sustituidas

por cadenas nacionales. Los miembros de la comunidad pueden tener una desconfianza causada por un sentimiento de pérdida de control. "Los individuos sienten que tienen poca influencia en las decisiones, y esta distancia psicológica fomenta las historias de "horror" que se centran en la irresponsabilidad de estos organismos extracomunitarios. Los relatos sobre la carne de hamburguesa de McDonald's compuesta por gusanos o las serpientes encontradas en los jerséis importados que se venden en las cadenas de tiendas de descuento son respuestas a esta pérdida de control comunitario".

4. Burocratización e impersonalización El paso de las instituciones comunitarias a las nacionales ha modificado las relaciones entre clientes y organizaciones de personales a impersonales. El hecho de que una gran organización pueda exigir que todas las personas sean tratadas de la misma manera es, en este caso, un aspecto negativo. Como explica Fine, es posible que no se satisfagan las necesidades individuales, lo que hace que la organización parezca ineficaz o

indiferente a pesar de ser técnicamente eficiente. Según Fine, "la tramitación rutinaria no se recuerda como competencia: sin embargo, las dificultades aisladas se recuerdan durante mucho tiempo y pueden ser la base de historias de experiencias personales sobre burocracias ineficientes u hostiles. Surge un folclore que aborda simbólicamente las frustraciones de enfrentarse a estas estructuras monolíticas e inflexibles". Como señala Fine, no se recuerda ni se elogia un servicio consistente y normalmente eficiente. Sin embargo, una experiencia que se percibe como negativa y uno tiene el comienzo de una historia que se contará una y otra vez. Un tipo de leyenda que aparecerá será la de la burocracia y cómo hace que las cosas simples sean más complejas. Fine se refiere al rumor de que el gobierno tiene una extensa y complicada política relacionada con las coles. Un popular sitio web de supersticiones enumera los siguientes temas:

- Teorema de Pitágoras - 24 palabras
- El Padre Nuestro - 66 palabras

- Principio de Arquímedes - 67 palabras
- Los Diez Mandamientos-179 palabras
- El discurso de Gettysburg-286 palabras
- La Declaración de Independencia-1.300 palabras
- La normativa del Gobierno de EE.UU. sobre la venta de coles-26.911 palabras

Esta información no va acompañada de ninguna narración o historia. La información de estas pocas líneas cuenta una historia clara sin necesidad de más explicaciones: nuestra libertad puede declararse y delinearse en 1.300 palabras, pero el gobierno no puede regular la col simplemente.

1. Transferencia de funciones a las empresas con ánimo de lucro y al gobierno: Ciertas funciones sociales que tradicionalmente se abordaban a través de las organizaciones locales han sido asumidas por el gobierno y las empresas con ánimo de lucro. Este componente abarca desde el cultivo y la preparación de los alimentos hasta la atención sanitaria y el apoyo a los desfavorecidos. Mientras que antes era habitual cultivar y preparar los alimentos en

casa, ahora es igual de habitual, si no más, comprar alimentos preparados en una tienda de comestibles o en un restaurante. La comida casera del mediodía ha sido sustituida por una carrera a través del restaurante. La visita a domicilio del médico de cabecera ha sido sustituida por una visita a una gran clínica. Los servicios comunitarios, en algunos casos, han sido sustituidos por agencias gubernamentales. Medicaid y la asistencia social, entre otros programas sociales, han sustituido a las comunidades que trabajan juntas para atender estas necesidades de forma individual. A pesar de que la "vieja forma" no es perfecta, la sustitución por entidades impersonales y burocráticas no se ve como un sistema eficiente, sino como otra organización que no se preocupa y trata a todos los individuos como un número. Las leyendas sobre la contaminación de los alimentos se dirigen casi siempre a las grandes empresas (comida de perro en la pizza de Pizza Hut y gusanos en las hamburguesas de McDonald's). Curiosamente, existe al mismo tiempo otro tipo de leyenda dirigida a las corporaciones que las pone en el papel de cuidadoras. Hay un tipo concreto que indica que si se envían determinados artículos (etiquetas, tapas de cajas), se hace clic en determinados enlaces o se reenvían correos electrónicos, la empresa ayudará a un niño enfermo o a una comunidad necesitada. Desgraciadamente, a menudo no son ciertas y ponen a la empresa en una posición tanto de decepción del público como de vergüenza.

2. Urbanización y suburbanización: Los modelos residenciales estadounidenses han cambiado de las pequeñas ciudades y las zonas rurales a la vida urbana y suburbana. El porcentaje de la población que vive en un pueblo o ciudad con más de 2.500 habitantes ha pasado del cinco por ciento en 1790 a aproximadamente el sesenta y seis por ciento en 1970. Según Louis Wirth, un sociólogo de la Escuela de Sociología de Chicago que se centró en la vida urbana, el cambio en la sociedad no se debe a los cambios de ubicación geográfica, sino a lo que él describe en "Urbanism as a Way of

Life" como los cinco componentes del urbanismo: 1) Anonimato, 2) División del trabajo, 3) Heterogeneidad, 4) Relaciones impersonales y formalmente prescritas, y 5) Símbolos de estatus independientes del conocimiento personal. Wirth argumentó que estas características de la vida urbana alienan a los individuos y que la residencia afecta a la vida social. No todos los sociólogos están de acuerdo con estos argumentos; pero, en general, aplicados a la vida urbana; las ideas de Wirth establecen que los entornos impersonales son terreno fértil para las leyendas de miedo y peligros en la ciudad.

3. Cambio de valores: Un cambio de énfasis del trabajo al juego, una sexualidad relajada y más abierta, y un énfasis en el consumo son características de los cambios de valores a lo largo de las décadas. "Estos cambios de valores tienen efectos inesperados, ya que los miembros de una sociedad no pueden alterar sus costumbres básicas sin cierta ambivalencia. Esta ambivalencia, de la que a menudo no se habla abiertamente, se expresa

indirectamente a través del folclore, que disfraza la amenaza mediante la proyección del miedo a un suceso "real". Los valores tienden a ir por detrás del cambio social, y es probable que haya algún conflicto". Tal y como han teorizado Mullen y Koenig, la ansiedad por el estado de la sociedad deja a la gente abierta a las leyendas urbanas como forma de hacer frente a estas ansiedades. Las historias sobre ropa indecente (trajes de baño) y promiscuidad sexual (practicar sexo oral con un equipo) con resultados espeluznantes (el traje se vuelve transparente en el agua; la animadora tiene que hacerse un lavado de estómago) abordan estos temores indirectamente.

Los siete componentes explican cómo el cambio en la vida comunitaria ha modificado la cultura. Estos cambios en la cultura -población más densa, relaciones impersonales entre las empresas/el gobierno y la población, y falta de comunidad en el sentido tradicional (definida por el vecindario)- han supuesto una disposición a creer en historias de corporaciones que contaminan los alimentos, caimanes que viven en las alcantarillas de la ciudad y corporaciones que son tapaderas de cultos.

La contaminación de los alimentos es un tema común de las leyendas urbanas. La historia de los gusanos en las hamburguesas no es más que una de la larga historia de leyendas basadas en la contaminación de los alimentos.

En la Europa del siglo XIV, se rumoreaba que los judíos habían envenenado los pozos locales durante la peste negra (una pandemia que se creía que era la peste); en los años 30, los chinos afirmaban que los japoneses ponían vidrio molido en las latas de comida; durante la guerra de Vietnam, los soldados evitaban la Coca-Cola debido a los rumores de que simpatizantes del Viet Cong habían puesto vidrio molido en la bebida; y, más recientemente, ha habido rumores de que los niños morían a causa de las Pop Rocks y de que había huevos de araña en la goma de mascar Bubble Yum. Uno de los elementos comunes en las leyendas contemporáneas es la especificación de una marca importante. Aunque la leyenda de los gusanos en las hamburguesas comenzó realmente en relación con

Wendy 's, se extendió a McDonald' s. En su libro, "Rumor in the Marketplace: The Social Psychology of Commercial Hearsay", Koenig explica que Wendy 's abordó rápida y directamente el rumor y lo aplastó. McDonald 's tardó más en responder y el rumor se mantuvo durante más tiempo. Fine añade que una marca conocida puede asociarse instantáneamente con el rumor sólo por la popularidad de esa marca.

Por ejemplo, una persona puede oír el rumor de que "una" hamburguesería pone gusanos en su carne. Al transmitir la historia, la persona que la cuenta puede nombrar naturalmente el lugar como la mayor corporación comúnmente conocida - lo que Fine denomina el Efecto Goliat. Además, el hecho de que la mayor corporación u organización sea el objetivo de una leyenda es un hecho que Fine considera lo suficientemente común como para ser una ley de leyenda urbana.

Una búsqueda en diversos sitios web parece apoyar su teoría. En el día concreto de la búsqueda, "Coca" o "Coca - Cola" se nombraba en 84 leyendas, de las cuales al menos 34 pertenecían específicamente a

Coca. La segunda marca de refrescos, Pepsi, arrojó 43 resultados.

De estos 43 resultados, algunos eran las mismas leyendas que nombraban a Coca-Cola y a otras marcas. Siete de las leyendas parecían aplicarse estrictamente a Pepsi. La búsqueda de McDonald 's arrojó 83 leyendas y 20 leyendas de Burger King, algunas de las cuales eran las mismas que las de McDonald' s. En el resumen de Fine sobre la psicología social y las leyendas urbanas, se centra en el cuento de la rata frita de Kentucky (KFR) para mostrar cómo existen y persisten las leyendas.

Hay múltiples variaciones de la historia, pero la historia básica es que una persona o grupo de personas va a Kentucky Fried Chicken para conseguir un cubo de pollo.

En la forma más común de la historia, un miembro del grupo muerde lo que resulta ser rata frita. En algunas versiones de la historia, una persona se come el pollo, cae enferma y posteriormente muere por lo que resulta ser una rata envenenada que se ha frito erróneamente con el pollo.

En otras historias, la persona se da cuenta al probar el "pollo" o justo antes de morderlo de que no es lo que parece ser.

El núcleo o la "historia del núcleo" es que una rata encontró su camino en el aceite junto con el pollo y terminó en el cubo.

Fine desglosa aún más las piezas de la leyenda para discutir sus aspectos socio-psicológicos particulares. La primera pieza es la localización. En esta leyenda, como es típico, hubo localización. Pudo rastrear los relatos hasta treinta y ocho lugares en quince estados, Washington D.C. y Canadá. Centrar el relato en una localidad concreta es una forma de subrayar la presencia de una gran empresa nacional en la comunidad local. Esta narrativa indica el daño que una gran institución puede tener en los residentes locales y juega con la ansiedad sobre la invasión de las grandes empresas en la comunidad. En la investigación de Fine, sólo 2 de los 115 incidentes denunciados se produjeron en establecimientos locales. En el pasado, antes de la omnipresencia de los restaurantes de comida rápida, la localización de una historia de contaminación alimentaria se habría relacionado con mayor frecuencia con un restaurante étnico. La evolución de la comunidad ha convertido a la gran empresa en el "extranjero" a temer en la comunidad.

La segunda pieza de la leyenda es el contaminante. Concretamente en la historia de KFR, la rata es creíble porque en el pasado se han encontrado ratas en los alimentos/producción de alimentos y porque es un animal que podría confundirse con un trozo de pollo en las circunstancias de ser rebozado y frito. Pero, lo más revelador, quizá sea el símbolo de la rata como marcador de la decadencia urbana y comunitaria. Este incidente podría ocurrir porque los empleados de la cadena nacional no se preocupan por su empleador (frente al propietario del restaurante local que vive al final de la calle) y por el hecho de que la cadena no se preocupa lo suficiente por la comunidad para mantener la propiedad limpia. La tercera pieza de la leyenda son las razones de la contaminación. Muy pocos relatos explican realmente cómo acabaron fritas las ratas. La forma de la contaminación cae en una de dos categorías: 1) sabotaje; o, 2) descuido en condiciones insalubres. En los casos de sabotaje, la malicia humana hace que un empleado o grupo de empleados crea que sería una gran travesura meter algún otro tipo de animal con el pollo. La versión más común tiene que ver con las ratas; una se refiere en realidad a un gato.

La idea es que los empleados, como miembros de una gran institución, no sienten ningún tipo de lealtad hacia los clientes o su empleador. En otras variantes, la causa son las condiciones insalubres.

Tal vez la presión a la que están sometidos los empleados para ser productivos a un alto nivel provoque descuido. Debido al descuido, la suciedad ha producido la condición perfecta para las ratas. No sólo hay suciedad, sino que los empleados están demasiado ocupados para separar las ratas de las gallinas. Esta explicación parece un poco extrema. Fine cree que esta narración proviene de la ansiedad y el sentimiento de culpa por ir a la cadena de comida rápida frente a consumir la comida casera correctamente preparada.

La siguiente pieza es la víctima. En la gran mayoría de los casos del KFR, la víctima era una mujer. Asumiendo que la preponderancia de la mujer como víctima no se debe a que una población significativamente mayor de mujeres que de hombres come en

Kentucky Fried Chicken, nos queda considerar que, o bien las mujeres son percibidas como más vulnerables a los ataques, o bien se trata de una declaración del papel cambiante de la mujer en la sociedad. La mujer es la víctima porque es ella quien ha abandonado su responsabilidad como preparadora de alimentos de la familia. Ella "ayuda a destruir la familia al permitir la transferencia del control del hogar a las corporaciones morales con fines de lucro". Así, la recepción de una rata es un castigo simbólico apropiado".

La siguiente pieza es el evento. El evento pretende describir la actitud que tenemos hacia los alimentos procesados y rápidos. Nuestra desconexión con la preparación de los alimentos nos hace susceptibles a las historias de dudosa procedencia y métodos de preparación. Al igual que la pareja que cogió el cubo de pollo para comer en el cine y estaba literalmente comiendo en la oscuridad, la sociedad también está comiendo simbólicamente en la oscuridad y la comida tradicional se ha acabado. La mujer no sólo desempeña el papel de víctima en esta particular leyenda. También se la culpa por permitir que se produzca esta desconexión al no cumplir con sus obligaciones:

"Había una mujer que no tenía nada preparado

para la cena de su marido. Así que se apresuró a conseguir una cesta de pollo y trató de hacer que su cena pareciera elegante con el pollo ya preparado. Así, preparó una cena a la luz de las velas, etc. Cuando ella y su marido empezaron a comer pollo, pensaron que tenía un sabor extraño. Pronto descubrieron que era una rata frita".

La culpa principal recae en la cadena nacional de restaurantes, pero también se culpa a la esposa y al declive de la comida familiar tradicional.

La siguiente pieza de la leyenda es la secuela.

La conclusión del evento es el resumen de cómo se ha perjudicado la vida americana. Algunas versiones del KFR terminan con los impactantes detalles de la víctima enfermando o incluso muriendo. Otras versiones terminan con la historia de un juicio, indicando que la sociedad ha decaído hasta el punto de que el sistema judicial tiene que salir en defensa de los residentes inocentes de la comunidad contra la gigantesca entidad corporativa. Por último, está la creencia y la lógica. Fine sostiene que el contexto en el que se cuentan las historias ayuda a reforzar la credibilidad del relato. Compartir la historia de KFR mientras se come o se decide qué comer aumenta la "ansiedad por la tecnología alimentaria".

A través de su discusión sobre el "Gran Cambio" en la sociedad y los elementos de las leyendas que forman parte de la Rata Frita de Kentucky, Fine ha esbozado cómo los cambios sociales crean y propagan las leyendas urbanas.

Hay miedo y ansiedad por lo desconocido y culpa por la relajación de algunos valores o la disminución del papel de la familia; los establecimientos en estas leyendas no prosperarían si la gente no las aceptara. Las normas morales de la sociedad no siempre siguen el ritmo de los cambios que se producen con el tiempo. Tal vez no todos los que han transmitido la historia de KFR la crean realmente.

Sin embargo, casi el 76% de los que respondieron a una encuesta dijeron que creían que podía ocurrir. Estos datos confirman el papel central de la verosimilitud en los UL. Al difundir la historia, una persona puede estar abordando un pensamiento desconcertante, "vengándose" consciente o inconscientemente de la gran empresa que se ha inmiscuido en la comunidad, u obteniendo la validación de las preocupaciones existentes.

6

Leyendas urbanas y su impacto comercial

No todos los estudios sobre las leyendas urbanas se basan en la sociopsicología o en su beneficio. En el estudio "Urban Legends: The Word-of-Mouth Communication of Morality Through Negative Story Content", los investigadores D. Todd Donavan, John C. Mowen y Coutam Chakraborty, revisaron las leyendas urbanas en un intento de obtener una visión del marketing. En su estudio, querían ver el efecto que tiene la alteración de una leyenda en la probabilidad de que se transmita.

Querían saber si el personaje central era altruista o negativo, si el resultado era positivo o negativo y si la presencia o ausencia de una marca tenía un impacto en la viabilidad de una leyenda. También estudiaron los procesos de difusión, en particular aquél que se da de boca en boca.

La premisa del estudio era la leyenda urbana "Gucci Kangaroo", una leyenda especialmente popular en Australia. La leyenda dice lo siguiente:

"¿Has oído hablar de los turistas estadounidenses que conducían por el interior de Australia? Habían estado bebiendo y, al parecer, su coche chocó con un canguro.

Creyendo que el canguro estaba muerto, los turistas decidieron tomar una fotografía de broma. Apoyaron al canguro contra una valla y lo vistieron con la chaqueta Gucci del conductor. Procedieron a fotografiar al marsupial bien vestido. Pues bien, parece que el canguro sólo estaba aturdido y no muerto. De repente, revive y salta llevando la chaqueta del hombre, que también contenía el permiso de conducir, el dinero y el billete de avión".

. . .

El estudio de la propagación de las leyendas urbanas, se teorizó, podría proporcionar información útil sobre la propagación de la comunicación negativa de boca en boca con respecto a los productos. En segundo lugar, entender las leyendas urbanas puede ayudar a las empresas cuyas marcas se mencionan en las leyendas.

Este hallazgo es especialmente relevante, ya que, según el estudio del grupo sobre cien leyendas urbanas, el diez por ciento de las leyendas incluía nombres de marcas, el cuarenta y cinco por ciento incluía productos y el doce por ciento incluía alguna advertencia sobre los peligros de nuevos productos o tecnologías. Por último, las leyendas nos ayudan a entender la socialización del consumidor.

El estudio se llevó a cabo para identificar los factores que influyen en los consumidores para compartir las leyendas urbanas a través de los rumores. La leyenda del canguro anterior se modificó para representar combinaciones de protagonistas positivos/negativos, resultados positivos/negativos y nombres de marcas/no marcas. Se presentaron ocho versiones diferentes de la historia del Canguro Gucci a 174 encuestados en un ejercicio de clase en una gran universidad del medio oeste. Las versiones varían como: 1) intención positiva/resultado positivo/nombre de marca, 2) intención positiva/resultado negativo/nombre de marca, 3) intención positiva/resultado positivo/nombre de no marca, 4) intención positiva/resultado negativo/nombre de no marca, 5) intención negativa/resultado negativo/nombre de marca, 6) intención negativa/resultado positivo/nombre de marca, 7) intención negativa/resultado negativo/no marca, y 8) intención negativa/resultado positivo/no marca. Los encuestados leyeron la historia que se les presentó y respondieron a preguntas que incluían una escala de variable dependiente (qué probabilidad había de que repitieran la historia), controles de manipulación (codicia frente a altruismo) y datos demográficos.

Los resultados mostraron que era mucho más probable que los encuestados difundieran la historia si la intención y los resultados eran negativos. La variable con menor puntuación en cuanto a la probabilidad de compartir fue la intención y el resultado positivos, así que ¿qué puede significar este hallazgo? En cuanto al nombre de la marca, cuando la intención era negativa, había una mayor tendencia a compartir la leyenda. Sin embargo, cuando se especificaba el nombre de la marca, no había diferencias apreciables entre las intenciones positivas y negativas. El nombre de la marca provocó un aumento de la intención de compartir si la intención era positiva y una pequeña disminución de la intención si era negativa.

Para el marketing, este hallazgo supondría un incentivo para construir un nombre de marca fuerte. En el caso de las leyendas urbanas, no parece tan claro que este hallazgo sea el caso. Dada la popularidad de las leyendas de marca y la longevidad de muchas de ellas, tal vez la historia interesante prevalezca sobre la intención. Es importante señalar que este estudio midió la intención de compartir una historia, no el comportamiento real. Ajzen y Fishbein encontraron una correlación de 0,60 entre la intención y el comportamiento de comunicación real.

Singh encontró una fuerte relación entre la intención de quejarse y la queja real.

Sería interesante hacer un seguimiento del estudio para ver cuántos de los que tenían la intención de compartir la leyenda positiva siguieron adelante frente a los que tenían la intención y compartieron la leyenda negativa.

. . .

Otro aspecto a tener en cuenta para futuros estudios es la información de recuerdo. El equipo sugiere que se analice si el contenido negativo o el nombre de la marca tiene impacto en el recuerdo como un componente adicional para futuros estudios. Si se tienen en cuenta las teorías de Koenig, Mullen y Fine, sería razonable suponer que el nombre de la marca tendría un impacto, aunque no necesariamente por la historia original. Como hemos revisado, las personas que comparten leyendas tienden a rellenarlas con la información que les resulta relevante o que parece encajar. "Una hamburguesería se convierte en McDonald 's. El nombre de una cadena no relevante para la región se sustituye por el de otra cadena. También sería interesante ver si el nombre de la marca fuera más relevante para la probabilidad de transmisión si fuera el centro de la historia en lugar de un simple detalle.

Los autores concluyeron que "es más probable que los consumidores difundan una historia sobre una marca de nombre cuando el personaje central actúa de forma altruista y no negativa.

Por el contrario, cuando el personaje central actúa

negativamente, es más probable el rumor de boca en boca cuando no se menciona el nombre de la marca. Estos resultados sugieren que tener un nombre de marca positivo puede inhibir la comunicación de información negativa relacionada con un producto".

Es interesante ver que la conclusión es que un nombre de marca puede hacer que no se comparta una leyenda. Un rápido repaso a las leyendas urbanas relacionadas con empresas y productos en Snopes.com y UrbanLegends.About.com muestra claramente que las historias negativas de empresas y productos específicos superan con creces a las positivas. Si bien este estudio indica que quizás uno podría "pensárselo dos veces" antes de creer y/o reenviar una leyenda urbana si tiene una visión positiva del producto, también ilustra que es mucho más probable que se comparta una historia negativa que una positiva. La desconexión entre este estudio y otros revisados sería que esta historia se realizó con una leyenda que no es relevante para los participantes de la encuesta.

. . .

No parece probable que muchos estudiantes de una universidad del medio oeste tengan una fuerte aversión a Gucci o a los turistas estadounidenses en Australia.

Además, aunque en algunas versiones se especifica el nombre de la marca, la chaqueta, de nuevo, no es la causa del malestar.

Tal vez el efecto de la chaqueta Gucci se deba a que los estudiantes pueden aspirar a poseer una y no a una creencia personal en la bondad de Gucci. Sería interesante ver los resultados del mismo estudio con una leyenda diferente. Tal vez la historia del Swiffer Wetjet que deja residuos venenosos en el suelo daría resultados opuestos. Sin embargo, lo que se puede extraer de este estudio es que la negatividad tiene más probabilidades de propagarse que la positividad y que los nombres de las marcas sí marcan la diferencia, aunque probablemente no la que los autores concluyeron que marca.

7

Por qué persisten las leyendas urbanas

En este punto, gran parte del análisis se ha dedicado a explicar por qué la gente cree y comparte las leyendas urbanas. La siguiente sección analizará por qué persisten ciertas leyendas urbanas.

Chip Heath, miembro del profesorado de la Graduate School of Business de la Universidad de Stanford y coautor del artículo sobre selección emocional comentado anteriormente, escribió junto con su hermano, Dan, "Made to Stick: Why Some Ideas Survive and Others Die". Los hermanos se dieron cuenta de que llevaban años estudiando básicamente el mismo problema, sólo que desde ángulos diferentes: cómo se pegan las ideas.

. . .

El término "pegar" lo tomaron prestado de Malcolm Gladwell, quien escribió sobre el "Factor de pegajosidad" en The Tipping Point al explicar por qué algunas tendencias, como la popularidad de una marca de zapatos en particular, se ponen de moda y otras no. Los Heath habían comprobado que a veces las malas ideas ganan en el mercado y las buenas o importantes pierden. Lo que querían averiguar era qué diferenciaba las ideas. Al haber estudiado las leyendas urbanas, Chip sabía que son pegajosas por naturaleza. Los Heath también se refirieron a la leyenda de los caramelos contaminados de Halloween. Su investigación abarcó cientos de ideas pegajosas; a partir de ella, identificaron seis principios de las ideas pegajosas:

1. Simplicidad - Las ideas deben ser sencillas y profundas. Se pueden hacer varios puntos buenos, pero la gente no los va a recordar todos. Un buen ejemplo de sencillez, pero profundidad: La Regla de Oro - Haz a los demás lo que quieras que te hagan a ti. No se trata de "simplificar", sino de llegar a la esencia.

. . .

2. Inesperado - Tenga un giro; incluya algo que el público no se espere. Sin embargo, no basta con sorprender al público. Tiene que ser algo que genere interés y curiosidad.

3. Concreción - Que quede claro. La ambigüedad no tiene sentido.

4. Credibilidad - Que sea creíble.

5. Emociones - Asegúrate de que tu audiencia siente algo, aprovecha sus emociones.

6. Historias - Proporcione una narración.

Para repasar, la noción de Heath se condensa en: Historia Emocional Simple Inesperada Concreta Acreditada. Ahora, ponga a prueba cada principio en el caso de la leyenda de los caramelos contaminados de Halloween:

. . .

1. Simplicidad - Los padres quieren proteger a sus hijos. Esto es algo que incluso las personas sin hijos pueden entender.

2. Inesperado - Este feliz rito de la infancia ha sido corrompido por gente siniestra.

3. Concreción - Hojas de afeitar en las manzanas, cianuro en los caramelos.

4. Credibilidad - La historia se publicó en revistas y periódicos nacionales de todo el país, también apareció en las noticias locales y nacionales.

5. Emociones - Alguien está intentando hacer daño a niños inocentes. Esto es algo que cualquiera encontraría despreciable.

6. Historias - Detalles específicos de un niño que estuvo gravemente enfermo o que murió a causa de un caramelo de Halloween contaminado.

. . .

Al aplicar los distintos componentes de la fórmula a la leyenda urbana, las piezas ilustran cómo cada uno de ellos desempeña su papel en el establecimiento de una narrativa que se mantendrá. Hay algo chocante para captar el interés, algo para aprovechar las emociones, algo para establecer una postura moral y suficiente información para dar credibilidad.

La leyenda de los caramelos de Halloween es tan pegajosa que los hospitales han dedicado máquinas de rayos X a escanear los caramelos y los informativos instan habitualmente a los padres a tomar precauciones para asegurarse de que los caramelos que recogen sus hijos son seguros.

En su trabajo "The transmission and persistence of 'urban legends': sociological application of age-structured epidemic models" (La transmisión y persistencia de las "leyendas urbanas": aplicación sociológica de los modelos epidémicos estructurados por edades), Andrew Noymer establece un paralelismo entre la difusión y persistencia de las leyendas urbanas y la propagación de las enfermedades contagiosas. Noymer aborda la cuestión de por qué los rumores siguen propagándose mucho después de que el público original deje de creer en la leyenda. No cree que una población cada vez más numerosa crea en una determinada leyenda, sino que los que antes la creían son sustituidos por un nuevo grupo de personas que sí creen en ella. Utiliza modelos matemáticos de epidemiología para calcular su teoría. Noymer estipula que la edad desempeña un papel importante en los rumores que investiga. Los supuestos que utiliza son que los jóvenes son más crédulos que los mayores. Además, la edad es un factor clave en las enfermedades prevenibles por vacunación.

La similitud entre los modelos epidémicos y los modelos de difusión de rumores es paralela utilizando el sarampión como enfermedad infecciosa. El sarampión se propaga por transmisión aérea entre una persona infectada y otra susceptible a la enfermedad. Es altamente contagiosa. Los rumores también son altamente contagiosos, a los que Shibutani se refiere como un "tipo de contagio del comportamiento". Según Noymer, lo que diferencia a los rumores del resto de la información es que la gente tiene un impulso irresistible de compartir los rumores con los demás.

Como en las enfermedades, hay tipos de inmunidad a los rumores. Un escéptico no va a creer el rumor por mucho que lo escuche. Una persona con inmunidad adquirida creía antes el rumor, pero ya no lo hace. A efectos de modelización, Noymer ha equiparado la creencia en un rumor con el deseo de difundirlo, aunque esa condición no siempre existe. Tanto las enfermedades como los rumores se propagan por contacto. El escepticismo es a los rumores lo que las vacunas son al sarampión. La consistencia tanto de la enfermedad como del rumor es la inmunidad adquirida. Sin embargo, Noymer reconoce que el sarampión tiene un periodo de latencia (infectado, pero aún no contagioso) que no existe en las leyendas urbanas. El sarampión tiene un final -la recuperación o la muerte- mientras que algunos rumores pueden durar años. La modelización representa un rumor en estado de creencia o no.

El modelo no tiene en cuenta la propensión del contenido a cambiar con el tiempo ni considera cómo la ambigüedad de los rumores afecta a la transmisión.

. . .

En el modelo epidémico, quienes no entienden un rumor son el equivalente a alguien inmune a una enfermedad. El programa de modelización no simula a los individuos; sino que modela los flujos y reflujos entre los picos de creencia de las leyendas urbanas. Siguiendo con la analogía, el índice entre susceptibles e infectados es la fuerza de la infección y varía con el tiempo, no con la edad.

Aunque los niños pasen la mayor parte del día con otros niños, ven a personas de otras edades (hermanos, padres) y compartirán una leyenda urbana con esas personas. No es menos probable que un adulto escuche un rumor sobre rocas emergentes que explotan en su estómago. Sin embargo, es más probable que no lo acepte: es más probable que sea inmune a este tipo de leyendas. En el modelo epidémico, la fuerza de la infección es de suma importancia, ya que determina el auge y la caída de las epidemias (períodos en los que hay una alta creencia en la leyenda). Además, la edad media de la infección determina la capacidad de contagio de la enfermedad.

. . .

Al igual que las enfermedades que se transmiten rápidamente entre los miembros más jóvenes de la sociedad, las leyendas urbanas se propagarán rápidamente entre los jóvenes, que son los que tienen menos probabilidades de ser escépticos o inmunes.

El modelo se ejecutó en dos circunstancias, y en la segunda se redujo la tasa de recuperación. La tasa de recuperación en el caso de las leyendas es la cantidad de tiempo que tarda la gente en dejar de creer en la leyenda.

Lo que demostró este modelo es que puede haber más personas infectadas al mismo tiempo, pero el tamaño total de la población infectada no crece. Básicamente, lo que ocurre es que la gente cree la leyenda y luego deja de creerla a un ritmo más rápido. Puede que haya más gente que la crea a lo largo del tiempo, pero no durante un periodo concreto. La continuidad de una leyenda urbana puede depender del número de personas que son menos escépticas o inmunes con el tiempo. En el caso de una epidemia de sarampión, hay un gran brote inicial, una vez que ese brote ha terminado, la mayoría de las personas susceptibles a la infección se han recuperado de ella o han creado inmunidad a la misma. Este ciclo podría continuar hasta que la población envejezca y muera. Entonces, nace una nueva generación de personas susceptibles y la epidemia vuelve a alcanzar su punto máximo.

Un paralelismo cercano a este ciclo de vida puede ser una leyenda en un campus universitario. Cuando llegan los estudiantes de primer año, son crédulos y creen en las leyendas urbanas específicas del campus (por ejemplo, la predicción de los astrólogos sobre el asesinato en masa). A medida que los estudiantes van pasando los años, se vuelven inmunes a la leyenda. El nivel de personas que creen en una leyenda podría disminuir durante unos años y luego repuntar cuando ese primer grupo se gradúe y se vaya. Ahora bien, puede que el rumor nunca desaparezca del todo, pero la población que cree en él puede descender durante un tiempo. Puede que haya personas que lo crean de verdad y lo compartan con los más susceptibles. El rumor puede morir completamente y tener que ser reintroducido en la sociedad (en un campus universitario) más tarde. Este tipo de ciclo de vida se ha documentado que sucede con el sarampión.

. . .

Aunque hasta ahora se ha asumido que la susceptibilidad a creer leyendas urbanas pertenece directamente a la población de edad suficientemente joven como para no ser pensadores críticos, pero suficientemente mayor como para entender, el modelo muestra un nivel de susceptibilidad en todas las edades Los rumores pueden ser más pertinentes para un grupo de edad que para otro. Noymer señala que la credulidad depende tanto del tiempo como de la edad, la edad de vulnerabilidad cambia durante los ciclos de las epidemias.

Inicialmente, la edad de susceptibilidad es más alta, con una disminución de la edad a medida que la epidemia completa múltiples ciclos. Una leyenda específica puede ser creída por múltiples grupos de edad en diferentes momentos. Que una persona de un grupo concreto crea una leyenda puede depender del nivel de vulnerabilidad del grupo. Al igual que es más probable que un niño sucumba a una infección si todos sus compañeros de colegio están enfermos, es más probable que una persona crea una leyenda si todo su grupo de iguales la cree. Es un buen momento para señalar que la "edad" no tiene que aplicarse necesariamente a una fecha del calendario, sino también a la experiencia. Una persona más joven y con más "experiencia" puede no creer una leyenda urbana y un grupo de más edad sí.

. . .

Este hecho apunta a las múltiples teorías ya discutidas que indican que las leyendas urbanas son relevantes para la persona que las cree. Además, el aumento del pensamiento crítico debido a las "experiencias vitales" podría reducir la probabilidad de que una persona sea susceptible a una leyenda urbana.

El modelo de escepticismo autocatalítico es básicamente el mismo que el modelo epidémico, pero con un cambio en la tasa de descomposición.

Como señala Noymer, una persona no se cree una leyenda y luego deja de creerla espontáneamente. El cambio en este modelo es la tasa constante de creencia.

Además, se asume que el número de personas susceptibles es igual al número de escépticos entre los contagiados. En este nuevo modelo, el escéptico transmite su inmunidad a los contagiosos, mientras que los contagiosos transmiten la leyenda a los susceptibles. Lo que ocurre aquí es la transmisión del rumor a un nuevo grupo de personas. Un grupo nunca lo creyó, otro pasa de creerlo a no creerlo, y el tercero cree la leyenda. A través del tiempo y de los cambios en la población, los grupos continúan en la misma progresión. Por supuesto, algunas personas siempre creerán en una leyenda concreta, independientemente de lo que oigan para contradecirla.

La conclusión del modelo de Noymer es que la creencia en las leyendas urbanas puede modelarse fácilmente de la misma manera que las enfermedades infecciosas. Una mirada a las similitudes en el curso de una enfermedad y el curso de una leyenda urbana muestra dos principios altamente contagiosos que persisten, pero en poblaciones cambiantes a través de los años. A Noymer le interesan especialmente las leyendas que no tienen capacidad de permanencia dentro de una población.

Es decir, si se observa una leyenda como la de que Bubble Yum está hecha de huevos de araña o la de que las piedras de pop explotan en tu estómago si te bebes una Coca-Cola con ellas, se ven dos leyendas urbanas que probablemente se crean dentro de un grupo de edad específico. Sin embargo, a medida que los niños envejecen, dejan de creer en estos rumores. Sin embargo, las leyendas no desaparecen porque una nueva población de niños crédulos ha sido expuesta a la leyenda en lugar de los niños mayores, ahora inmunes. Utilizando modelos de la epidemiología, se puede ver cómo persiste una leyenda urbana. Resulta que tienen una tasa de infección, una tasa de inmunidad y una tasa de recuperación al igual que una enfermedad infecciosa.

8

Leyendas urbanas más conocidas en el mundo

Las leyendas sobre Pie Grande se remontan más allá de la historia registrada y abarcan todo el mundo. En Norteamérica -y en particular en el noroeste- se oyen historias de hombres peludos de dos metros de altura que acechan en los bosques, asustando de vez en cuando a campistas, leñadores, excursionistas y demás.

A Pie Grande se le conoce con muchos títulos en muchas culturas diferentes, aunque el nombre de Pie Grande se atribuye generalmente a la región montañosa del Oeste de Norteamérica. El nombre común de Sasquatch procede de los sasquits salish, mientras que los algonquinos de la región centro-norte del continente se refieren a un witiko o wendigo. Otras naciones hablan de una gran criatura muy parecida a un hombre, pero dotada de poderes y características especiales.

Los ojibway de las llanuras del norte creían que el Rugaru aparecía en tiempos de peligro y otras naciones coincidían en que la aparición peluda era un mensajero de advertencia, que indicaba al hombre que debía cambiar sus costumbres.

Los colonos norteamericanos empezaron a informar de avistamientos a finales del siglo XIX y en la década de 1900, con el hallazgo ocasional de huellas, encuentros esporádicos e incluso algunas fotos y vídeos borrosos que contribuyen al misterio. Los que afirman haber visto a Pie Grande lo han descrito todo, desde un simio grande y erguido hasta un humano peludo de verdad, que a veces mide más de dos metros y se describe como de constitución poderosa. El debate y la investigación continúan. Existen organizaciones enteras dedicadas a estudiar y documentar a Bigfoot y a demostrar su existencia, y grupos que buscan regularmente en los bosques del noroeste la prueba definitiva.

. . .

Sin embargo, en un sentido muy real, Pie Grande existe.

El Sector de Defensa Aérea del Oeste, de la Guardia Nacional Aérea de Washington, adoptó la mascota de Bigfoot y opera 24 horas al día, siete días a la semana, vigilando los cielos de casi el 73% de los Estados Unidos y Canadá. Al igual que el Bigfoot de la leyenda, el sector rara vez se ve y rara vez se oye, pero tenga la seguridad de que sigue observando y -si es necesario- sirviendo de mensajero de advertencia.

Cuando los romanos llegaron por primera vez al norte de Escocia en el siglo I d.C., encontraron las Tierras Altas ocupadas por feroces tribus cubiertas de tatuajes a las que llamaron pictos, o gente pintada. Por las piedras talladas que aún se encuentran en la región del lago Ness, está claro que los pictos estaban fascinados por los animales y se preocupaban por representarlos con gran fidelidad.

Todos los animales representados en las piedras pictas son realistas y fácilmente reconocibles, todos menos uno. La excepción es una extraña bestia con un pico u hocico alargado, un medallón o pico en la cabeza y aletas en lugar de patas.

Descrita por algunos estudiosos como un elefante nadador, la bestia picta es la primera prueba conocida de una idea que ha prevalecido en las Tierras Altas escocesas durante al menos 1.500 años: que el lago Ness alberga un misterioso animal acuático.

En el folclore escocés, se han asociado grandes animales a muchas masas de agua, desde pequeños arroyos hasta los mayores lagos, a menudo etiquetados como Loch-na-Beistie en los mapas antiguos. Se dice que estos caballos de agua, o water-kelpies, tienen poderes mágicos e intenciones malévolas. Según una versión de la leyenda, el caballo de agua atrae a los niños pequeños al agua ofreciéndoles un paseo en su lomo. Una vez que los niños suben a bordo, sus manos se pegan a la bestia y son arrastrados a una muerte acuática, con sus hígados arrastrados a la orilla al día siguiente.

. . .

La primera referencia escrita que relaciona a estas criaturas con el lago Ness se encuentra en la biografía de San Columba, el hombre al que se le atribuye la introducción del cristianismo en Escocia. Según este relato, en el año 565 d.C., Columba se dirigía a visitar a un rey picto cuando se detuvo en la orilla del lago Ness. Al ver que una gran bestia estaba a punto de atacar a un hombre que nadaba en el lago, Columba levantó la mano, invocando el nombre de Dios y ordenando al monstruo que "retrocediera a toda velocidad". La bestia obedeció y el nadador se salvó.

Cuando Nicholas Witchell, futuro corresponsal de la BBC, investigó la historia de la leyenda para su libro de 1974 The Loch Ness Story (La historia del lago Ness), encontró alrededor de una docena de referencias anteriores al siglo XX sobre grandes animales en el lago Ness, que fueron cambiando de carácter desde estos relatos claramente míticos hasta algo más parecido a las descripciones de testigos presenciales.

La leyenda moderna del lago Ness se remonta a 1933, cuando se completó una nueva carretera a lo largo de la orilla, ofreciendo las primeras vistas claras del lago desde el lado norte. Una tarde de abril, una pareja local volvía a casa por esta carretera cuando vio "un enorme animal rodando y sumergiéndose en la superficie". Su relato fue redactado por un corresponsal del Inverness Courier, cuyo editor utilizó la palabra "monstruo" para describir al animal. El Monstruo del Lago Ness ha sido un fenómeno mediático desde entonces.

El interés del público creció gradualmente durante la primavera de 1933, y luego se intensificó después de que una pareja informara de que había visto a una de las criaturas en tierra, atravesando la carretera de la orilla. En octubre, varios periódicos londinenses enviaron corresponsales a Escocia y los programas de radio se interrumpieron para dar a los oyentes las últimas noticias del lago. Un circo británico ofreció una recompensa de 20.000 libras por la captura de la bestia.

Llegaron cientos de boy scouts y exploradores al aire libre, algunos aventurándose en pequeñas embarcaciones, otros colocando tumbonas y esperando expectantes la aparición del monstruo.

. . .

El entusiasmo por el monstruo alcanzó su punto álgido en diciembre, cuando el London Daily Mail contrató a un actor, director de cine y cazador de caza mayor llamado Marmaduke Wetherell para que rastreara a la bestia. Tras unos pocos días en el lago, Wetherell informó de que había encontrado las huellas frescas de un gran animal de cuatro dedos. Calculó que medía 6 metros de largo. Con gran fanfarria, Wetherell hizo moldes de yeso de las huellas y, justo antes de Navidad, los envió al Museo de Historia Natural de Londres para su análisis. Mientras el mundo esperaba que los zoólogos del museo volvieran de sus vacaciones, legiones de cazadores de monstruos descendieron al Lago Ness, llenando los hoteles locales. Inverness se iluminó para la ocasión, y el tráfico atascó las carreteras de la costa en ambas direcciones.

La burbuja estalló a principios de enero, cuando los zoólogos del museo anunciaron que las huellas eran las de un hipopótamo. Habían sido hechas con un pie de hipopótamo disecado: la base de un paragüero o un cenicero. No quedó claro si Wetherell fue el autor del engaño o su crédula víctima.

En cualquier caso, el incidente manchó la imagen del Monstruo del Lago Ness y desalentó la investigación seria del fenómeno. Durante las tres décadas siguientes, la mayoría de los científicos desestimaron los informes sobre animales extraños en el lago. Los avistamientos que no eran directamente un engaño, decían, eran el resultado de ilusiones ópticas causadas por las estelas de los barcos, las manchas de viento, los troncos flotantes, las nutrias, los patos o los ciervos nadando.

En los 65 años transcurridos desde el nacimiento de la leyenda moderna, decenas de personas han presentado fotografías que pretendían mostrar al monstruo. La mayoría fueron descartadas rápidamente como fraudes o imágenes de objetos ordinarios confundidos con monstruos. Pero hay una foto que destaca por encima de las demás. Tomada en 1934, muestra lo que parece ser el esbelto cuello de un animal que surge de la superficie del agua. Desde el momento en que se publicó en el Daily Mail de Londres, se convirtió en la imagen misma del Monstruo del Lago Ness y, para muchos, en la prueba más sólida de que Nessie existe realmente.

Una de las razones por las que la fotografía tuvo tanto impacto en la leyenda del Lago Ness fue que procedía de una fuente tan creíble.

. . .

La foto fue vendida al Daily Mail por un médico londinense llamado R. Kenneth Wilson, quien dijo que había tomado la foto al notar una conmoción en el agua mientras conducía desde Londres para fotografiar aves con un amigo cerca de Inverness. Pocos creyeron que un médico tan respetado pudiera ser partícipe de un engaño.

Pero en 1994, 60 años después de que se publicara la foto por primera vez, periódicos de todo el mundo informaron de que la "foto del cirujano" era falsa, parte de una elaborada trama para engañar al Daily Mail. El hombre que estaba detrás de la historia era un antiguo profesor de arte inglés llamado Alastair Boyd, que se había convertido en un ávido estudioso de la tradición del Lago Ness después de que él y su esposa hubieran tenido su propio avistamiento de un gran animal en el lago en 1979. Años más tarde, un amigo de Boyd llamado David Martin descubrió un viejo recorte de periódico en el que Ian Wetherell (el hijo de Marmaduke Wetherell, de la fama de los pies de hipopótamo) afirmaba que la foto del cirujano era un engaño. El artículo había atraído poca atención cuando se publicó en 1975, pero dos detalles llamaron la atención de Boyd.

En primer lugar, Wetherell dijo que el complot había involucrado a un hombre llamado Maurice Chambers, el mismo hombre que el Dr. Wilson dijo que había conducido desde Londres para visitar en 1934. En segundo lugar, Wetherell mencionó que la fotografía del cirujano incluía el paisaje del Lago Ness en el fondo. De hecho, la conocida foto de Nessie sólo incluye el cuello que sobresale y el agua que lo rodea. Boyd sabía que la foto original incluía un poco de la costa lejana en el fondo, porque había redescubierto la versión sin recortar a finales de los años ochenta. Pero esa foto completa sólo se había publicado una vez, en 1934. ¿Cómo pudo Wetherell conocer este detalle? "O tenía una memoria muy larga, o tomó la foto", dice Boyd.

Ian Wetherell había muerto cuando Boyd y Martin leyeron el artículo, pero pudieron localizar a su hermanastro, Christian Spurling, en el sur de Inglaterra. Spurling, de 93 años y casi muerto, confesó. Descontento con el trato recibido por el Daily Mail tras el fiasco del pie de hipopótamo, el duque Wetherell se había propuesto vengarse, reclutando a su hijo y a su hijastro en la trama.

Primero Spurling construyó un modelo de monstruo injertando una cabeza y un cuello en la torre de mando de un submarino de juguete. A continuación, Wetherell y su hijo Ian condujeron hasta el lago y escenificaron la fotografía, cuidando de incluir el paisaje real del lago Ness en el fondo.

Finalmente, para ocultar su propio papel en el engaño, Wetherell persuadió al Dr. Wilson, a través de su amigo común Chambers, para que revelara la foto y la vendiera al Daily Mail como propia. La trama funcionó mejor de lo que cualquiera de ellos podría haber imaginado.

No todo el mundo acepta la historia de Spurling. El periodista estadounidense Richard Smith, por ejemplo, señala que los expertos en juguetes se preguntan si los submarinos de juguete de los años 30 podrían haber funcionado como se describe, y se pregunta por qué

Boyd esperó hasta después de la muerte de Spurling para revelar su confesión. Pero tras el bombazo de Boyd en 1994, la mayoría de la gente cree ahora que la foto del cirujano era otro engaño del Lago Ness.

¿Desmiente esto finalmente la existencia del monstruo?

En absoluto, dice Boyd. Una de las grandes ironías de la historia del Lago Ness es que el hombre que derribó la prueba más famosa sigue creyendo firmemente en Nessie.

"Estoy tan convencido de la realidad de estas criaturas que me jugaría la vida por su existencia", dijo a NOVA.

"Confío en mi vista... Me ganaba la vida enseñando a la gente a observar, y sé que lo que vi no era un tronco, ni una nutria, ni una ola, ni nada parecido. Era un animal grande. Salió del agua, algo así como una ballena. Quiero decir, la parte que estaba realmente en la superficie cuando dejó de rodar a través de era por lo menos 20 pies de largo. Fue totalmente extraordinario.

Es la cosa más increíble que he visto en mi vida, y si pudiera pasar el resto de mi vida buscando otro vistazo, lo haría".

El Yeti, antes más conocido como el Abominable Hombre de las Nieves, es una misteriosa criatura bípeda que se dice que vive en las montañas de Asia. A veces deja huellas en la nieve, pero también se dice que habita bajo la línea de nieve del Himalaya. A pesar de las decenas de expediciones a las remotas regiones montañosas de Rusia, China y Nepal, la existencia del Yeti sigue sin demostrarse.

Se dice que el Yeti es musculoso, está cubierto de pelo grisáceo oscuro o marrón rojizo y pesa entre 200 y 400 libras (91 a 181 kilogramos). Es relativamente bajo en comparación con el Pie Grande de Norteamérica, con una media de 1,8 metros de altura. Aunque esta es la forma más común, los Yetis de los que se ha informado tienen una gran variedad de formas.

El Yeti es un personaje de las antiguas leyendas y el folclore del pueblo del Himalaya. En la mayoría de los cuentos, el Yeti es una figura de peligro, dijo el autor Shiva Dhakal a la BBC. La moraleja de los relatos suele ser una advertencia para evitar los animales salvajes peligrosos y mantenerse cerca y a salvo dentro de la comunidad.

Alejandro Magno exigió ver un Yeti cuando conquistó el Valle del Indo en el año 326 a.C. Pero, según National Geographic, los habitantes de la zona le dijeron que no podían presentar uno porque las criaturas no podían sobrevivir a tan baja altura.

En los tiempos modernos, cuando los occidentales empezaron a viajar al Himalaya, el mito se hizo más sensacionalista, según la BBC. En 1921, un periodista llamado Henry Newman entrevistó a un grupo de exploradores británicos que acababan de regresar de una expedición al Monte Everest. Los exploradores dijeron al periodista que habían descubierto unas huellas muy grandes en la montaña que sus guías habían atribuido a "metoh-kangmi", que significa esencialmente "hombre-oso de las nieves". Newman acertó con la parte del "hombre de las nieves", pero tradujo mal "metoh" como "asqueroso".

. . .

Luego le pareció que "abominable" sonaba aún mejor y utilizó este nombre más amenazador en el periódico. Así nació una leyenda.

En su libro "¿Todavía vivo? Yeti, Sasquatch, y el enigma Neanderthal", la investigadora Myra Shackley ofrece la siguiente descripción, relatada por dos excursionistas en 1942 que vieron "dos motas negras moviéndose por la nieve a unos 400 metros por debajo de ellos". A pesar de esta significativa distancia, ofrecieron la siguiente descripción muy detallada: "La altura no era mucho menor de ocho pies ... Las cabezas fueron descritas como 'cuadradas' y las orejas debían estar cerca del cráneo porque no había ninguna proyección de la silueta contra la nieve.

Los hombros se inclinaban bruscamente hacia un poderoso pecho ... cubierto por un pelo marrón rojizo que formaba un pelaje cercano al cuerpo mezclado con largos pelos lisos que colgaban hacia abajo". Otra persona vio una criatura del tamaño y la complexión de un hombre pequeño, la cabeza cubierta de pelo largo, pero la cara y el pecho no tenían mucho pelo. De color marrón rojizo y bípedo, estaba ocupado arrancando raíces y de vez en cuando emitía un fuerte grito agudo".

No está claro si estos avistamientos fueron reales, bromas o identificaciones erróneas, aunque el legendario alpinista Reinhold Messner, que pasó meses en Nepal y el Tíbet, llegó a la conclusión de que los grandes osos y sus huellas se habían confundido a menudo con el Yeti. Describe su propio encuentro con una criatura grande e inidentificable en su libro "My Quest for the Yeti: Confronting the Himalayas' Deepest Mystery".

El chupacabras ha sido llamado el Pie Grande de la cultura latina, una leyenda urbana que se dice que drena la sangre de las cabras y otros animales de granja desde Sudamérica hasta el sur de Texas. Y al igual que Pie Grande, el chupacabras también ha eludido la captura y no ha proporcionado ninguna prueba creíble de que exista. Sin embargo, al menos un ciudadano científico considera que el chupacabras es tanto un fenómeno cultural como una versión moderna del chupasangre más famoso del mundo.

"Es básicamente un vampiro o una criatura pequeña, malvada, tipo hada, que son arquetipos populares en la cultura latina", dijo Ken Gerhard, un docente del zoológico de San Antonio y un criptozoólogo ampliamente reconocido.

La criptozoología es el estudio y la búsqueda de los llamados "criptidos", animales ocultos cuya existencia desafía las pruebas científicas o la comprobación, como el Sasquatch y el Monstruo del Lago Ness, bestias extrañas que perviven en supuestos avistamientos y fotos y vídeos indescifrables.

Gerhard ha viajado por todo el mundo en busca de este tipo de objetos de "Expediente X", escéptico como Dana Scully pero con ganas de creer como Fox Mulder. "Todavía no he encontrado ninguno", dice Gerhard. "Pero sigo buscando".

. . .

En lo que respecta al chupacabras, Gerhard dijo que no son los críptidos más creíbles. Señaló que no hay pruebas físicas de la existencia de un chupacabras ni ningún tipo de realidad biológica o grupo de animales en el que encaje un chupacabras. "Es casi demasiado extraño", dijo Gerhard.

Sin embargo, más de 25 años después de su primer presunto avistamiento, Gerhard afirma que el chupacabras sigue siendo un cucuy extravagante u hombre del saco que encaja bien en la cultura pop y, especialmente, en la cultura latina.

Tanto es así que el zoo de San Antonio inauguró en septiembre la primera exposición del chupacabras en una instalación zoológica. Situada junto al hábitat de los murciélagos del zoo, una réplica de la legendaria criatura recibe a los visitantes con la cara llena de colmillos y la espalda llena de púas.

"Estamos encantados de educar al público y a nuestros visitantes sobre el escurridizo y legendario chupacabras", dijo entonces el presidente y director general del zoo de San Antonio, Tim Morrow, en un comunicado. "Este nuevo hábitat, único en su género, seguro que despertará tanto la imaginación sobre la fauna que existe, y que aún no hemos descubierto, como el deseo de conservar las especies, tanto las conocidas como las desconocidas".

Apenas unos días después de ese debut en el zoo, un ganadero anónimo de la zona sur de San Antonio mató a una extraña criatura que acechaba a su ganado. Rob Coke, director de atención veterinaria del zoo de San Antonio, observó las fotos del cadáver y consideró que se trataba de un coyote con sarna.

El chupacabras, o "Venator nocturnus", según la exposición del zoo de San Antonio, acecha la mayor parte de Sudamérica y Centroamérica, así como el norte de México y el sur de Estados Unidos. Eso es, según los informes de muertes de ganado atribuidas a la criatura.

Los primeros avistamientos del chupacabras se remontan a marzo de 1995 en Puerto Rico, donde circularon informes de varias ovejas encontradas muertas con heridas punzantes en el pecho y supuestamente desangradas.

El cómico puertorriqueño Silverio Pérez acuñó el término "chupacabra" en 1995 al hablar de los ataques de la criatura. El nombre proviene de la supuesta costumbre de la criatura de chupar la sangre de las cabras y otros animales.

El chupacabras se describe a menudo como una criatura reptiliana sin pelo de un metro de altura, con piel gris-verdosa y espinas o púas en la espalda. Pero su forma de andar depende de dónde se le vea.

Los avistamientos en Sudamérica y Centroamérica describen al chupacabras como un humanoide con aspecto de duende que camina erguido sobre dos patas, mientras que los avistamientos en México y EE.UU. describen al chupacabras como una criatura canina o similar a un perro que camina a cuatro patas.

. . .

Gerhard no participó en la exposición del chupacabras en el zoo de San Antonio, pero dijo que su representación canina del críptido es "una maravillosa síntesis" de las distintas descripciones del chupacabras.

A principios de la década de 1950, los aviones estadounidenses realizaban misiones de reconocimiento a baja altura sobre la URSS. Pero existía la constante preocupación de que fueran detectados y derribados.

Así que, en 1954, el presidente Eisenhower autorizó el desarrollo de un avión de reconocimiento de gran altitud, de alto secreto, denominado Proyecto Aquatone. El programa requería una ubicación remota que no fuera fácilmente accesible para civiles o espías. El Área 51 encajaba perfectamente.

Estaba en el desierto de Nevada, cerca de un salar llamado Groom Lake. Nadie sabe exactamente por qué se llama Área 51, pero una teoría sugiere que se debe a su proximidad a las instalaciones de pruebas nucleares de Nevada.

El Sitio de Pruebas de Nevada fue dividido en áreas

designadas por la Comisión de Energía Atómica. El lugar ya era un territorio familiar para los militares, ya que había servido como campo de tiro aéreo en la Segunda Guerra Mundial.

En el verano de 1955, se informó de avistamientos de "objetos voladores no identificados" en los alrededores del Área 51. Esto se debe a que las Fuerzas Aéreas habían comenzado sus pruebas con el avión U-2. El U-2 puede volar a más de 60.000 pies. En ese momento, los aviones normales volaban entre 10.000 y 20.000 pies. Mientras que los aviones militares alcanzaban los 40.000 pies. Así que si un piloto viera la pequeña mancha que era el U-2 a gran altura, no tendría ni idea de lo que era. Y normalmente avisarían al control de tráfico aéreo de que había alguien ahí fuera. Esto es lo que llevó al aumento de los avistamientos de ovnis en la zona. Aunque los oficiales de la Fuerza Aérea sabían que los avistamientos de ovnis eran pruebas de U-2, no podían decírselo al público. Así que explicaron los avistamientos diciendo que eran "fenómenos naturales" e "investigación meteorológica a gran altura".

. . .

Las pruebas del U-2 terminaron a finales de la década de 1950;

pero, el Área 51 ha seguido sirviendo como campo de pruebas para muchos aviones, incluyendo el F-117A, el A-12 y el TACIT BLUE.

Nadie sabe con certeza qué es lo que hace el Área 51 en la actualidad. El gobierno ni siquiera reconoció públicamente la existencia de la base hasta 2013, con la publicación de informes desclasificados de la CIA. Pero si alguna vez estás en el aeropuerto de Las Vegas, mantente atento a unos pequeños aviones de pasajeros sin marca en una zona vallada. Son la forma en que los empleados del Área 51 llegan a trabajar desde sus casas en Las Vegas.

Jack, el Destripador

Jack el Destripador; una leyenda urbana de gran infamia, una parte sombría de la historia inglesa, una figura prominente que es el centro de innumerables libros, películas e incluso tours dedicados a Jack el Destripador.

. . .

Aunque el hombre sigue envuelto en el misterio, las atrocidades que cometió y el mórbido legado que dejó su fantasmal personaje siguen fascinando e intrigando a los estudiosos, a las autoridades y al público más de un siglo después.

Con preguntas tan importantes como por qué lo hizo, quién era y cómo se salió con la suya, Jack el Destripador no corre peligro de desaparecer pronto de nuestra imaginación o nuestras pesadillas.

Aunque nunca hemos sido capaces de resolver el enigma del Destripador, a lo largo de los años hemos aprendido más sobre sus malogradas víctimas, los sádicos métodos que utilizaba y la abundancia de sospechosos del Destripador. Pero, ¿nuestra preocupación por la idea de un asesino solitario, responsable de la matanza de las trabajadoras de Whitechapel sin ayuda, ha desviado nuestra atención del hecho de que Jack el Destripador puede ser una leyenda urbana glorificada destinada a unir asesinatos inconexos y sin sentido?

. . .

Jack el Destripador no es el primer Jack que aterroriza al Londres del siglo XIX; ese título pertenece a Spring-heeled Jack, una leyenda urbana popular basada en el folclore tradicional de los fantasmas de Londres que se decía que acechaban las calles y aterrorizaban a los vivos.

Se decía que Jack el de las ruedas de resorte hacía precisamente eso, acechar y acosar a mujeres solas en callejones, pasadizos y calles mal iluminadas, donde les rasgaba la ropa, las arañaba, las desorientaba y las asustaba, de forma inquietantemente similar a como se creía que actuaba Jack el Destripador. Jack el Destripador también aterrorizaba a los cocheros y a los carteros a altas horas de la madrugada, privándoles del placer de jugar después de su turno, asustándoles a ellos y a sus caballos antes de escalar o saltar por encima de edificios de 3 metros de altura. Otra similitud entre Jack el Destripador y Spring-heeled Jack es su aspecto. Nuestra impresión de Jack el Destripador se ha convertido en la de una figura alta y caballerosa que lleva un sombrero de copa y una capa que, de hecho, se asemeja a la apariencia alta, delgada y caballerosa de

Spring-heeled Jack, con sus ojos rojo fuego y su capa negra.

Las similitudes entre el funcionamiento y la apariencia de los dos Jacks más infames de Londres es, como mínimo, una coincidencia, pero tendrá que decidir usted mismo si esta conexión no es más que una mera coincidencia o si alude a que Jack el Destripador es una versión modernizada e hiperbolizada de una leyenda urbana anterior del siglo XIX...

Algunas películas de terror se basan directamente en historias reales, mientras que otras innumerables se inspiran en la realidad, pero tergiversan la verdad para convertir esas historias en algo nuevo.

El personaje de Leatherface, por ejemplo, está inspirado en el asesino en serie Ed Gein, que se vestía con la piel de sus víctimas, pero nunca cogió una motosierra para masacrar a un grupo de jóvenes.

. . .

¿La Sadako/Samara de El Aro? Lo creas o no, ella también tiene una base en la realidad.

La historia de Sadako/Samara, introducida por primera vez en la novela de Kôji Suzuki que se convirtió en Ringu (1998) y en The Ring (2002), tiene tres ingredientes clave: una niña, un pozo y una cinta de vídeo maldita. Para resumir la historia, Sadako/Samara era una joven con dones sobrenaturales que fue arrojada a un pozo, y regresa a nuestra realidad física a través de la cinta maldita: cuando alguien la ve, su fantasma sale de su tumba acuática y se venga de esa persona, siete días después. La historia cambia ligeramente de una película a otra, pero eso es lo esencial.

¿Qué tan real es Sadako/Samara? El castillo de Himeji puede tener respuestas. Situado en el oeste de Japón, el castillo de Himeji se encuentra en lo alto de una montaña y fue construido entre 1333 y 1346 como hogar del señor de Himeji.

Se dice que el castillo, uno de los destinos turísticos más populares de Japón, tiene una suerte increíble, casi sobrenatural, pero tiene una historia bastante espeluznante: la historia de Okiku, que murió en un pozo fuera del castillo.

Okiku, que trabajaba en una mazmorra bajo el castillo, era la sirvienta de un samurái llamado Tessan Aoyama, y Aoyama le tomó un especial cariño. De hecho, se enamoró perdidamente de ella y le dijo que iba a dejar a su mujer para estar con ella. Pero Okiku no estaba de acuerdo con este plan, lo que llevó a su aparente asesinato a manos del brutal samurái.

Uno de los principales deberes de Okiku era cuidar de diez placas de oro de gran valor que eran propiedad de Aoyama, y un día, el samurái decidió esconder una de ellas. Le dijo a Okiku que, si no accedía a estar con él, la culparía de haber robado el plato, lo que la llevaría a ser torturada y ejecutada. En una versión de la historia, Okiku puso fin a su propia vida arrojándose al pozo del castillo, creyendo que se encontraba en una situación sin salida. En la otra versión, Aoyama la arrojó al pozo después de que ella se negara a estar con él.

. . .

Por supuesto, la historia no termina ahí. Tras la muerte de Okiku, se dice que ésta se arrastra fuera del pozo y se le aparece a Aoyama cada noche. Al parecer, Aoyama se volvía loco por los incesantes gritos nocturnos del fantasma vengativo; se le oía contar los platos en el calabozo... lanzando un violento ataque cuando se daba cuenta, como siempre hacía, de que aún faltaba el décimo plato.

Los dibujos de Okiku la representan con un aspecto muy similar al de Sadako/Samara, con el pelo negro y un largo vestido blanco. Esta es la representación general de una persona que ha muerto en circunstancias no naturales en Japón: a estos fantasmas se les llama Yūrei, que se traduce como "alma débil" o "espíritu tenue". Estas trágicas mujeres son enterradas con vestidos blancos y el pelo suelto.

El pozo, conocido localmente como "pozo de Okiku", todavía se puede encontrar fuera del castillo de Himeji, pero ahora tiene barras de hierro forjado que lo cubren.

. . .

¿Un esfuerzo por mantener a Okiku encerrada dentro, quizás?

Se ha producido un número inusualmente elevado de muertes entre el antiguo reparto de la trilogía Poltergeist.

Este hecho ha dado lugar al rumor de que las producciones estaban en cierto modo "malditas" debido a la naturaleza de las propias películas, como si los espíritus malignos conjurados en el mundo ficticio del cine hubieran llegado al mundo real para reclamar lo que consideran sus legítimas víctimas.

En el folclore, un poltergeist es un fantasma ruidoso y destructivo (pero normalmente travieso, no malicioso) al que se atribuye la responsabilidad de los ruidos y movimientos inexplicables de los objetos de una casa. La hipótesis es que los poltergeist se sienten atraídos por los hogares en los que hay niños prepúberes, especialmente niñas. La trilogía Poltergeist consta de tres películas de terror basadas en esta forma de conocimiento:

. . .

Poltergeist (1982), Poltergeist II (1986) y Poltergeist III (1988). Cada una de ellas narra un episodio de la vida de los Freeling, una familia ficticia que tiene la mala suerte de residir en casas habitadas por espíritus que intentan secuestrar a sus hijos o enviarlos a vivir a lugares similares.

Aunque la coincidencia es una explicación mucho más probable que una maldición, ha habido cuatro muertes entre el reparto de este conjunto de películas: Dominique Dunne (Dana Freeling), Heather O'Rourke (Carol Ann Freeling), Will Sampson (Taylor, un espíritu bueno) y Julian Beck (Kane, un espíritu malo). Aunque dos de las muertes eran previsibles (esperadas, incluso), otras dos no lo eran. Es la combinación de las dos muertes inesperadas lo que está en el centro de todos los rumores sobre una maldición Poltergeist.

Dominique Dunne, la actriz de 22 años que interpretó a la hermana mayor Dana Freeling en la primera película de Poltergeist (estrenada en junio de 1982), murió el 4 de noviembre de 1982 en el Centro Médico

Cedars-Sinai de Los Ángeles, cuatro días después de que su novio la ahogara hasta dejarla en coma del que nunca despertó. Semanas antes, Dunne había puesto fin a su relación abusiva con el chef de Los Ángeles John Sweeney, pero la noche del 30 de octubre de 1982, él se pasó por su antigua residencia compartida para rogarle que volviera con él. La conversación no fue como él esperaba, y el encuentro terminó con él estrangulándola durante lo que más tarde se determinó que fueron entre 4 y 6 minutos, y luego la dejó por muerta en su entrada.

Sweeney fue condenado por homicidio voluntario, sentenciado en noviembre de 1983 y puesto en libertad en 1986 tras cumplir sólo 3 años y 8 meses de una condena de 6 años y medio. Su corta condena y su pronta liberación siguen siendo objeto de controversia.

Heather O'Rourke, la actriz infantil que interpretó a Carol Anne Freeling a lo largo de la serie Poltergeist (a partir de los seis años), falleció inesperadamente a la edad de 12 años al morir de un shock séptico el 1 de febrero de 1988 en el Hospital Infantil de San Diego. Lo que se pensó que era un ataque de gripe común le provocó un paro cardíaco durante el trayecto al hospital local, ya que las toxinas bacterianas liberadas por una obstrucción intestinal llegaron a su torrente sanguíneo. Su corazón se reinició con éxito y fue trasladada en helicóptero al Hospital Infantil, mucho más grande, donde fue operada para eliminar la obstrucción. Sin embargo, las toxinas que se propagaron por su organismo fueron demasiado, y murió en la mesa de operaciones.

Las circunstancias que rodearon su fallecimiento hicieron que su muerte fuera aún más impactante de lo que hubiera sido, ya que de la noche a la mañana pasó de ser una niña con gripe a una niña muerta que expiró durante una operación desesperada para salvar su vida.

Ya es bastante difícil aceptar que un niño pueda morir de una enfermedad, y más aún si se trata de una niña de aspecto saludable de la que nadie sabía nada. (Que pareciera sana no significa necesariamente que lo estuviera. El año anterior a su muerte le habían diagnosticado la enfermedad de Crohn, una enfermedad inflamatoria del intestino delgado que dura toda la vida y que suele manifestarse por primera vez en niños y adultos jóvenes).

Por supuesto, una muerte tan inesperada alimentaría los rumores, sobre todo si se tiene en cuenta el asesinato de Dominique Dunne sólo seis años antes.

O'Rourke había aparecido en las tres películas de Poltergeist. Poltergeist III aún no se había estrenado en el momento de su muerte, lo que dio lugar a rumores de que había expirado durante el rodaje y se utilizó una doble para completar la película en su lugar. La familia y el agente de O'Rourke dijeron en el momento de su muerte que sus escenas para Poltergeist III se habían completado varios meses antes (en junio de 1987), pero el guionista y director Gary Sherman ha mantenido que el rodaje de Poltergeist III aún no había terminado cuando O'Rourke murió, lo que obligó a cambiar el guión para completar la película en su ausencia.

Las otras dos muertes relacionadas con Poltergeist fueron las de actores veteranos que se encontraban en una etapa avanzada de su carrera, ambos aquejados de graves enfermedades que con el tiempo les quitarían la vida. Dado que sus muertes no fueron inesperadas, sólo en raras ocasiones se menciona a alguno de ellos en relación con la "maldición" de Poltergeist.

Julian Beck, el actor de 60 años que interpretó al espíritu maligno Kane en Poltergeist II: El otro lado, de 1986, murió de cáncer de estómago el 14 de septiembre de 1985 en el Hospital Mount Sinai de Nueva York, siete meses antes del estreno de la película en mayo de 1986. A diferencia de la muerte de O'Rourke, la suya no fue inesperada, ya que llevaba 18 meses luchando contra el cáncer.

Will Sampson, el actor nativo americano de 53 años que interpretó al buen espíritu Taylor en Poltergeist II, murió en un hospital de Houston el 3 de junio de 1987, aproximadamente un año después del estreno de la película. Sampson había recibido un trasplante cardiopulmonar seis semanas antes, y la causa de su muerte se atribuyó a una grave desnutrición preoperatoria y a una insuficiencia renal e infección fúngica postoperatorias. Se ha dicho que sabía que sus posibilidades de sobrevivir eran escasas debido a su estado de debilidad antes de la operación.

Al igual que Beck, Sampson sólo apareció en una película de la serie, Poltergeist II, estrenada en mayo de 1986. Era más conocido por su interpretación del paciente psiquiátrico nativo americano que fingía mutismo en One Flew Over the Cuckoo 's Nest.

Zelda Rubinstein, la actriz que interpretó el papel de la vidente Tangina Barrons en las tres películas de Poltergeist y que repitió el papel en la serie de televisión Poltergeist: El legado, murió en 2010. Sin embargo, falleció por causas naturales a la edad de 76 años, lo que no es el tipo de fallecimiento que se asocia con una "maldición" que supuestamente causa muertes inesperadas y prematuras.

Aunque no era miembro del reparto, el director de cine inglés Brian Gibson, que dirigió Poltergeist II, murió de sarcoma de Ewing a los 59 años en 2004.

En una forma popular del rumor, se dice que uno de los niños actores tuvo un final prematuro tras el rodaje de cada película, uno asesinado, otro en un accidente de coche y otro de una misteriosa enfermedad. Si bien es cierto que las actrices Dominique Dunne y Heather O'Rourke ya han fallecido, Oliver Robins, el actor infantil que interpretó al hermano de sus personajes, Robbie Freeling, en las dos primeras películas, sigue entre nosotros. Ningún actor infantil de la serie Poltergeist murió en un accidente de coche o falleció justo después de que se terminara Poltergeist II.

Una versión extrema del rumor de la "maldición" afirma que todos los que aparecieron en estas películas están ahora muertos. Esta noticia debe ser una gran sorpresa para muchos actores, sobre todo para Craig T. Nelson (Steve Freeling), Jo Beth Williams (Diane Freeling) y Tom Skerritt (Bruce Gardner), quienes creen que siguen vivos y continúan trabajando en películas y programas de televisión a pesar de haber fallecido.

El lanzamiento en febrero de 2015 de los tráilers del reboot/remake de Poltergeist (con diferentes miembros del reparto) provocó un renovado interés por la supuesta "maldición" de la trilogía original.

. . .

"Tanto una mujer condenada como una diosa que lleva un mensaje ominoso". En México se dice que una forma de invocar a la Llorona es encender velas rojas y encerrarse en una habitación cuyas paredes estén decoradas con espejos mientras se repite su nombre.

Otros dicen que es probable que aparezca cuando los niños se portan mal, y otros han informado de avistamientos de su silueta distanciada que navega sin cesar por lagos y ríos mexicanos, gimiendo "¡Ay, mis hijos!".

Figura destacada del terror folclórico, la protagonista de la leyenda de la Llorona está condenada a una eternidad de búsqueda de sus hijos en diferentes masas de agua, que tuvieron un final trágico con una tumba acuática.

La historia de la Llorona comienza con una mujer llamada María, dotada de una belleza natural, que está decidida a casarse sólo con el hombre más guapo que conozca, rechazando a cualquier hombre que considere incapaz de igualarla estéticamente. Hay diferentes versiones de la narración, pero la más popular afirma que María cortejó a su potencial pretendiente mostrándose distante y difícil de conquistar, pero una vez que la pareja se casó y tuvo dos hijos juntos, los pensamientos del joven comenzaron a desviarse, soñando con su anterior estilo de vida salvaje en las praderas. En algunas versiones, el ranchero le es infiel a María, y en otras, ella simplemente resiente su indiferencia emocional en comparación con la atención que sigue prestando a sus hijos.

Sus hijos se ahogan, y muchas versiones del cuento sugieren que su muerte fue deliberada y a manos de ella, antes de ahogarse ella misma. Cuando a María se le niega la entrada al cielo sin sus hijos, se ve obligada a buscar sus restos en las aguas durante la otra vida. En la versión colonial mexicana, María da a luz a los hijos de un español blanco de clase superior a la suya y asesina a sus vástagos como reacción inmediata a su negativa a convertirla en su esposa.

Naturalmente, la historia de la Llorona ha sido explotada y representada en la cultura popular y en el cine mexicano a lo largo de los siglos XX y XXI; en los años 60 se estrenó La Llorona, película mexicana dirigida por René Cardona, que narra las vivencias de una familia perseguida por el espíritu maligno de la llorona. Más recientemente, en 2013, el parque temático Universal Studios de Orlando (Florida) utilizó el tema de La Llorona para una de las varias "zonas de miedo" utilizadas en las noches anuales de Halloween Horror, con laberintos, películas y entretenimiento escalofriante centrados en la leyenda mexicana.

La atracción consistía en que los visitantes entraran en una capilla mexicana abandonada y asistieran al funeral de sus víctimas, y los directores creativos del parque buscaban "transportar a los visitantes a su misterioso reino". Es evidente, pues, que La Llorona es más que una historia de terror; en cierto modo, el tormento emocional de María dota a su personaje de un nivel de vulnerabilidad pocas veces visto en las leyendas escalofriantes. Bajo la narración subyace un mensaje ambiguo que explica la persistencia de la leyenda en la cultura popular; el destino de María representa la conclusión inevitablemente desastrosa de unas prioridades superficiales y un sentido inflado del yo. Otros críticos han señalado que la leyenda presenta el machismo con su enfoque en la responsabilidad femenina y la ausencia masculina.

. . .

La Llorona también aborda temas como la maternidad, la condición femenina y la noción más universal de una vida después de la muerte que refleja las decisiones tomadas en la Tierra. En la sociedad contemporánea, el folklore sigue teniendo cierta relevancia didáctica, por no hablar de que sigue siendo la historia perfecta para que los padres convenzan a sus hijos de que entren en casa para que estén a salvo al anochecer.

9

Creepypastas y leyendas urbanas de Internet

Para aquellos que desconocen por completo lo que es un creepypasta, tiene su origen en el término "copypasta", que, como señala CreepsMcPasta en su vídeo "A History of Creepypasta", en realidad debería pronunciarse copy-paste-a, ya que proviene del comando informático copiar y pegar. Y, por lo tanto, se deduce que creepypasta debería pronunciarse de forma similar, pero ese hecho se ignora ahora, ya que la mayoría de la gente ha decidido pronunciarlo tal y como se ve en este momento.

Los creepypastas son historias de miedo o del género de terror que se pasan por foros u otros sitios de Internet. De ahí viene el término copypasta, y por eso creepypasta toma prestado este término, ya que el texto estaba pensado originalmente para ser copiado y pegado en diferentes sitios web.

Los creepypastas son en su mayoría en forma de texto, pero a veces también vienen con información complementaria, como imágenes, audio o vídeo, generalmente con contenido perturbador. Este es el caso de los conocidos creepypastas "suicidemouse.avi" y "El suicidio de Calamardo".

Es difícil precisar quién inició la idea de los creepypastas y dónde se originaron por primera vez, porque muchas historias se publicaron de forma anónima, al menos al principio. Esto tiene sentido, ya que la idea de los copypastas y los creepypastas era copiarlos y pegarlos en diferentes lugares de Internet, pero hace que sea increíblemente difícil rastrear los orígenes del género.

Muchos de los creepypastas más antiguos parecen haberse originado en el tablón /x/ de 4chan, que es un tablón dedicado a lo paranormal. También es posible que un creepypasta de 2001 conocido como "Ted the

Caver" fuera uno de los creepypastas originales, si no el primero, pero no se sabe con seguridad.

Los creepypastas más antiguos -los "originales"- tenían que tener algo de realismo y verosimilitud en la historia, o de lo contrario la gente no lo difundiría.

Para ello, algunos creepypastas se basaban en leyendas urbanas ya existentes, como Polybius y el Hombre Conejo.

Antes de que existieran los sitios web dedicados a los creepypastas, muchas de las historias eran más creíbles simplemente porque no había un origen al que remontarse para demostrar que era ficticio. Tampoco solía haber un autor acreditado, lo que aumentaba el realismo.

Encontrar al azar estas historias anónimas las hacía parecer más reales, ya que no se sabía quién era el autor o qué le había pasado después de los acontecimientos de la historia.

. . .

Estos creepypastas más antiguos también seguían una serie de fórmulas. Incluían anécdotas, rituales (como la serie The Holder) y episodios perdidos (como "Dead Bart" y "Squidward's Suicide").

Con el tiempo, surgieron sitios web dedicados a los creepypasta, con el lanzamiento de creepypasta.com en 2008, que supuso un cambio masivo en la comunidad de creepypasta. Ahora había un archivo para estas historias, y la continuidad pasó a formar parte de ellas.

Surgieron los fanworks y los spinoffs, en los que diferentes autores tomaban prestados personajes de otros creepypastas para utilizarlos en sus propias historias. Esto se hizo patente con personajes como Jeff el Asesino, el Rastrillo y, sobre todo, Slenderman. También surgió la idea de los "monstruos de pasta", que es básicamente lo que parece. Por ejemplo, la Fundación SCP es un proyecto de escritura creativa compuesto exclusivamente por "monstruos de pasta".

Lo más interesante es que copiar y pegar un creepypasta está ahora generalmente mal visto en la comunidad, ya que se considera esencialmente como un robo. Muchos autores intentan ahora dar a conocer sus nombres a través de los creepypastas que escriben, en lugar de intentar hacer creer a la gente que las historias son verdaderas difundiéndolas al azar en la red. (Como ejemplo, la larga serie de creepypastas "Penpal", de varias partes, fue finalmente editada y autopublicada como novela por el autor). En la actualidad, los creepypastas se han convertido en meras historias cortas o flash fiction con elementos de terror debido a que el significado del género cambia y evoluciona continuamente con la comunidad.

Según el artículo de la revista Time "Behind Creepypasta, the Internet Community That Allegedly Spread a Killer Meme" (Detrás de Creepypasta, la comunidad de Internet que supuestamente difundió un meme asesino), la audiencia del género creepypasta alcanzó su punto máximo en 2010, cuando The New York Times cubrió la tendencia.

Los creepypastas también ganaron la atención de la corriente principal con artículos como el mencionado anteriormente en 2014 tras el "apuñalamiento de Slenderman", cuando una niña de 12 años fue apuñalada por sus amigos, que afirmaron haberlo hecho para apaciguar a Slenderman y convertirse en sus apoderados, personas que cumplen la voluntad de Slenderman como sus sirvientes.

A pesar de que cosas como el apuñalamiento de Slenderman quizás hayan hecho que la persona promedio vea los creepypastas de forma negativa, la comunidad de creepypastas sigue siendo fuerte. CreepsMcPasta señala en su vídeo que los creepypastas han dejado de ser sólo historias, con un montón de fanworks que se extienden más allá de los propios creepypastas.

Muchos YouTubers hacen lecturas dramáticas de creepypastas. Muchas de esas personas construyen sus canales enteros en torno a la narración de los mismos.

En el caso de los creepypastas de juegos, los fans crean juegos para acompañarlos, como en el caso de "Sonic.exe" y "The Theater".

Un creepypasta en particular, "Candle Cove" de Kris Straub, ha recibido mucha atención más allá de la propia historia. Además de que los fans crearon toda una wiki en torno al espectáculo ficticio descrito en la historia, Syfy desarrolló y está emitiendo actualmente una serie basada en el creepypasta llamada "Channel Zero".

Slenderman es un producto puro de los medios electrónicos. Aparece en lugares que rara vez frecuentamos, en estos días: salones abandonados y en ruinas, bosques profundos, un parque infantil con un desvencijado gimnasio jungla de acero. Es un ghoul suburbano con su propia historia y su propia metodología y, últimamente, se ha convertido en objeto de controversia debido a un ataque en Wisconsin durante el cual dos niñas apuñalaron a otra para aplacar las oscuras necesidades de Slenderman. Fue una historia horrible y pone de manifiesto lo poco que entendemos sobre la psicología de una generación destetada en Internet y cómo las imágenes pueden pasar de la ficción a la realidad en el transcurso de una década.

El origen de Slenderman es sorprendentemente claro. A diferencia de la mayoría de las leyendas urbanas, podemos rastrear su procedencia con absoluta certeza.

Nació el 8 de junio de 2009 en un foro frecuentado por bromistas del Photoshop. Pertenece a un tipo de Florida llamado Eric Knudsen, que tiene una hija pequeña y se sorprende como nadie de que su demonio no haya sido arrojado todavía al montón de escoria de los memes olvidados. Toda una historia, todo un corpus, ha crecido a su alrededor de una manera que habría sido imposible hace una década.

Es el primer producto puro de Internet, un demonio engendrado no en un lugar concreto, sino en bits. He aquí parte de su historia.

Slenderman apareció por primera vez en los foros de Something Awful en un hilo titulado "Crear imágenes paranormales". Un usuario, Slidebite, dijo "Sólo sabes que un par de las buenas van a llegar eventualmente a los sitios web paranormales y a ser usadas como genuinas". Y tenía razón. La primera imagen de Slenderman -de una figura alta y desenfocada, junto a un árbol- iba acompañada de un texto que parece el diálogo de un juego de terror mal traducido.

. . .

"Una de las dos fotografías recuperadas del incendio de la Biblioteca Municipal de Stirling. Destaca por haber sido tomada el día en que desaparecieron catorce niños y por lo que se conoce como "El hombre esbelto". Los funcionarios citaron las deformidades como defectos de la película. El incendio de la biblioteca se produjo una semana después. La fotografía real fue confiscada como prueba" - 1986, fotógrafo: Mary Thomas, desaparecida desde el 13 de junio de 1986.

Otros carteles añadieron sus propias interpretaciones del material, creando una historia de fondo que se extendía hasta la Alemania del siglo XVI e incluso hasta el año 5000 antes de Cristo. El creador, Victor Surge, añadió algunas fotos más, mientras que otros visitantes crearon las suyas propias. Una imagen especialmente ingeniosa es una xilografía modificada. En el original, un esqueleto aleja a un niño de sus padres, quizás hacia la muerte. En la versión modificada, el esqueleto tiene brazos y piernas largos y su cráneo deforme queda oculto por el alero de la casa.

A lo largo de los meses transcurridos, los carteles de SomethingAwful y los entusiastas de la fan fiction se sumaron al corpus. Se ganó una definición específica, cortesía de un cartel en Yahoo Respuestas en 2011, dos años después de los mensajes originales:

El Slender Man es una criatura sobrenatural que se describe como un ser humano normal, pero se describe como 8 pies de altura y tiene vectores o apéndices adicionales que se describen como afilados como espadas. La criatura es conocida por acechar a los humanos y causar muchas desapariciones. Se le describe como una criatura de sombra a la que le falta la cara. La criatura encaja en muchas mitologías en leyendas de naciones como Alemania y los celtas, lo que hace pensar que podría ser real. Un hombre llamado Victor Surge encontró esta leyenda e hizo su propia versión de la misma a la que llamó el hombre delgado. El hombre delgado no es exactamente malvado según la mitología, pero la versión de Victor Surge lo muestra como una criatura malvada que acecha a los humanos para matarlos. En la mitología en realidad intentaba salvarte de una muerte dolorosa llevándote al inframundo antes de tiempo.

Slenderman es un producto de este siglo. Aparece y hace estragos. Asesina de forma indescriptible u obliga a otros a asesinar. Es un dios oscuro en la era de los medios digitales y llena el lugar vacío entre las noticias y lo desconocido.

Curiosamente, Slenderman nació de los hombres del saco de la generación anterior.

De una larga entrevista con el creador de Slenderman, Knudsen AKA Victor Surge, se lee:

"Me influyeron sobre todo H.P. Lovecraft, Stephan King (en concreto sus relatos cortos), las imaginaciones surrealistas de William S. Burroughs y un par de juegos del género survival horror: Silent Hill y Resident Evil. Creo que las influencias más directas fueron "Esa bestia insidiosa" de Zack Parsons, el relato corto de Stephen King 'La niebla', el cuento de SA relativo a "El rastrillo", los informes sobre la llamada gente de las sombras, el hombre polilla y el Gasser loco de Mattoon. Me basé en ellos para formular algo cuyas motivaciones apenas pueden comprenderse y que provoca malestar y terror en la población en general".

. . .

La palabra clave es terror. Slenderman no mata directamente a sus víctimas. En cambio, anima a otros a hacerlo para complacerlo. Curiosamente, los lugares que frecuenta ya casi han desaparecido. Gracias a la cobertura informativa de los asesinatos y el caos, a los niños rara vez se les permite pasear solos por los bosques o jugar en edificios abandonados. De hecho, el hecho de que exista es un testimonio de la extraña atracción que ejercen estos lugares. Es el fantasma del aparcamiento patrullado por guardias aburridos y cámaras de seguridad.

Es la historia que te mantiene despierto por la noche en el centro de una ciudad de 8 millones de personas. No es Osama bin Laden ni el trastorno de estrés postraumático de tu padre, sino algo mucho más fácil de entender. En un mundo que ya no alberga el miedo sin nombre, en el que cada monstruo tiene un nombre y unas coordenadas GPS, él es un bienvenido refugio en la imaginación.

Un popular videojuego creado en torno al mito consiste en caminar por un bosque oscuro rodeado de una valla de eslabones. Todo lo que hay que hacer es encontrar ocho trozos de papel clavados en los árboles cercanos. A medida que encuentras los papeles, el zumbido de los grillos y el crujido de los árboles fotorrealistas se convierten en un golpeteo constante. Slenderman está en marcha. No te mata. Simplemente desaparece en una nube de nieve electrónica.

Jeff The Killer es un personaje que se sitúa entre los villanos más populares de Creepypasta, junto con Slender Man. Jeff es un asesino con un origen algo trágico, ya que era un adolescente tímido y retraído que atrae la ira de algunos matones locales. Esto da lugar a una pelea que termina con Jeff bañado en alcohol y prendido fuego. De una manera no muy diferente al Joker de Jack Nicholson en Batman, se vuelve loco cuando le quitan las vendas y ve su rostro deformado, que tenía una palidez fantasmal. Cuando vuelve a casa con su familia, una noche se talla una sonrisa de Glasgow en la boca y se quema los párpados, antes de proceder a matar a sus padres y a su hermano.

Jeff el Asesino se volvería prolífico y es conocido por entrar a hurtadillas en las casas de las víctimas y susurrarles "vete a dormir" antes de matarlas. Poco después de que la historia se hiciera viral, surgieron variaciones de la misma, y Jeff se ganó su propia rival: Jane The

Killer. La historia de Jane es que era vecina de Jeff antes de su ataque y que él fue a por su familia después de matar a la suya. Ella quedó desfigurada de forma similar, con la piel blanca y los ojos negros. Busca una sangrienta venganza contra Jeff y mata a otros mientras finge que es Jeff.

Jeff The Killer ha inspirado muchos "fan arts" y vídeos en su momento, aunque todavía no ha recibido una versión cinematográfica de gran presupuesto. Este creepypasta aún no se ha abierto paso entre el público cinematográfico general, así que, aunque el personaje tiene el potencial de lanzar una serie propia al estilo de Halloween, no hay indicios de que eso ocurra actualmente.

El 14 de mayo de 2017, un episodio del programa satírico de la televisión italiana Le Iene (o "Reservoir Dogs" en inglés) emitió un reportaje dedicado al "juego de la ballena azul" (o "desafío"), un tipo de juego online que cobró vida en diferentes foros y grupos de VKontakte, la red social más popular de Rusia. En el juego, los jugadores compartían fotos y vídeos de actos de autolesión que se iban agravando.

. . .

Según un informe realizado por el periódico ruso Novaya Gazeta, debería haber una relación entre el juego de la Ballena Azul y numerosos casos de suicidio de adolescentes en Rusia, Kazajistán y Kirguistán entre noviembre de 2015 y abril de 2016: Las víctimas habían sido miembros de grupos de VK dedicados al juego. Sin embargo, en al menos uno de los casos citados -el suicidio de un kazajo de diecinueve años, Marat Aitkazin- no se puede confirmar la naturaleza de la conexión con el juego. De hecho, después de analizar el fenómeno de la Ballena Azul, parece menos la historia impactante que Novaya Gazeta informó inicialmente, y más una tormenta perfecta de creepypasta de Internet, histeria de los medios de comunicación, y el muy real y serio problema del suicidio de adolescentes.

La historia explotó rápidamente en los medios de comunicación y llegó a Europa con un tono bastante alarmista, hasta el punto de llevar a un programa de televisión de humor como Le Iene a hablar de ello.

Lo que queda por ver es la línea que separa la

histeria colectiva del peligro real y genuino del fenómeno.

El primer caso posible del juego de la Ballena Azul ocurrió en 2015, cuando una joven rusa de 17 años llamada Rina Palenkova compartió un selfie en VKontakte justo antes de arrojarse frente a un tren. Al igual que el caso de Marat Aitkazin, en el de Palenkova no hay nada seguro: ocurrió antes de que la gente empezara a oír hablar del juego y antes de que sus reglas empezaran a aparecer en internet, pero el selfie de la chica se convirtió en una especie de meme en los foros dedicados a la depresión y el suicidio.

No fue hasta 2016, con la publicación del informe de Novaya Gazeta -que afirmaba que el juego era responsable de otros 130 casos de suicidio entre adolescentes rusos-, cuando Blue Whale empezó a ser noticia en Rusia.

De todos los casos, el que quizás más resonó fue el de Yulia Konstantinova, de 15 años, y Veronika Volkova, de 16, quienes -a finales del pasado mes de febrero- se lanzaron desde un edificio de 14 pisos en Ust-Ilimsk, una pequeña ciudad de la región de Irkutsk, en Siberia Oriental.

Unos días antes, Konstantinova había publicado en Instagram la imagen de una ballena azul, mientras que Volkóva había compartido mensajes depresivos. Según el Siberian Times, los dos chicos que grabaron el suicidio fueron detenidos en el lugar del suceso acusados de incitación al suicidio.

En noviembre de 2016, uno de los presuntos fundadores del juego, un estudiante de psicología de 21 años llamado Philipp Budeikin, fue detenido acusado de instigación al suicidio. En una entrevista, Budeikin refutó las cifras que aparecían en la encuesta de Novaya Gazeta y confesó haber inducido personalmente al suicidio a 17 de esas personas.

"Hay personas y luego [hay] escoria, es decir, personas que no aportan absolutamente ningún valor a la sociedad y que sólo hacen daño. He limpiado la sociedad de estas personas", dijo Budeikin. "Comenzó en 2013. Creé F57-" uno de los grupos en VK en el que cobró vida el juego "-Para ver qué pasaba. Lo llené de contenido impactante y empezó a atraer a la gente. Fue prohibido en 2014. Durante un tiempo, me reía mientras miraba cómo todo el mundo intentaba entender qué significaba 'F57'. Es sencillo: F es de Philipp, mi nombre, y 57 eran los últimos dígitos de mi número de teléfono en ese momento.

Pensé en esta idea a lo largo de cinco años. Se puede decir que la había preparado. Pensé en todo el proyecto, en los diferentes niveles y en las diferentes etapas. Era necesario separar a la gente normal de la escoria".

Además de Novaya Gazeta, otros periódicos rusos han abordado el tema. El periódico Meduza, en particular, criticó el artículo de Novaya Gazeta, argumentando que la correlación entre el juego y los suicidios es difícil de probar y que sería más correcto argumentar que los adolescentes deprimidos con tendencias suicidas simplemente acaban visitando los mismos grupos online.

. . .

Aun así, dada la considerable atención de la prensa rusa, la historia fue recogida por varios periódicos internacionales poco después, empezando por la edición inglesa de The Sun.

A continuación, se extendió por todo el mundo, donde, debido a su carácter emotivo, la historia recibió una amplia cobertura en los medios de comunicación.

Por esas fechas, aparecieron por primera vez en Reddit las reglas completas del juego.

Al parecer, para empezar a jugar, sólo había que expresar en línea su deseo de participar en el juego utilizando el hashtag #f57 -el nombre del grupo de VK original de Budeikin en el que se había concebido el juego, dedicado a la autolesión y a la incitación al suicidio- y esperar a ser contactado por "un maestro".

Después de eso, la persona que jugara tendría que someterse a 50 días de "misiones" para que se le considerara lo suficientemente realizada como para asumir su misión final: suicidarse arrojándose desde el edificio más alto de su propia ciudad. Según varios periódicos internacionales que se han hecho eco de la noticia y el hilo de Reddit en el que se habla del juego, las tareas van desde ver películas de terror, escuchar ruidos perturbadores, cometer actos de autolesión como tallar una ballena en la propia piel, matar animales y despertarse a las 4:20 de la mañana (el nombre secundario del juego es "Despiértame a las 4:20"), en una especie de proceso de lavado de cerebro que lo consume todo.

Cada una de las 50 tareas debe ser documentada con una foto o un vídeo y enviada al administrador con el que el jugador está en contacto, que lo chantajearía emocionalmente amenazando con hacer daño a las personas que más aprecia.

Según otras teorías que circulan por internet, el juego podría implicar también el uso de una app específica que "hackea" el teléfono de la víctima, pero esta hipótesis parece ya desacreditada.

. . .

Como informa el sitio web italiano El Submarino, que hace una amplia reconstrucción de los hechos de las noticias rusas y extranjeras sobre el asunto, la Ballena Azul se extendió ampliamente por todo occidente a partir de febrero de 2017, y fue citada en varios casos de suicidio en España, Argentina, Brasil y (según Le Iene) también en Italia.

La historia de Le Iene se basa en el caso de un chico de 15 años que saltó de la azotea de un edificio de 26 pisos en su ciudad natal, Livorno, el pasado mes de marzo. No fue hasta que un reportero de Le Iene habló con uno de los compañeros de clase del chico, cuya declaración indicaba que la muerte del chico estaba relacionada con el juego, cuando se supo que era la primera presunta víctima italiana de la Ballena Azul.

Fuera de Rusia, los principales puntos de salida del juego parecen ser Instagram y Tumblr, donde empezó a aparecer el hashtag #f57.

En ambas redes sociales ya se han tomado medidas para difundir el juego y el hashtag correspondiente: por ejemplo, si escribes #f57 en Instagram, recibirás una notificación ofreciendo ayuda.

Según la leyenda, el reto Momo es un juego viral compartido en servicios de mensajería como WhatsApp que incita a los niños pequeños a la violencia o incluso al suicidio. Las imágenes de la diabólica señora de los pájaros aparecen supuestamente con mensajes y órdenes espeluznantes que, según se dice, llevan a la violencia y el horror extremos.

Otras iteraciones de la historia afirman que la imagen terrorífica aparece empalmada en programas infantiles como Peppa Pig o videojuegos como Fortnite en vídeos publicados en YouTube. Incluso más noticias dicen que el reto se ha extendido a Snapchat.

La imagen de la firma de Momo -la gallina poseída- es anterior a casi todos los informes del supuesto reto y no parece tener nada que ver con la sensación viral. Se trata de una estatua llamada "Mother Bird", realizada por el artista Keisuke Aisawa, que trabaja con la empresa japonesa de efectos especiales Link Factory.

. . .

Las imágenes de la estatua procedentes de una exposición en una galería comenzaron a circular ya en 2016.

El reto en sí mismo probablemente se inició en un subreddit de creepypasta que cataloga leyendas urbanas de terror. En julio de 2018 se subió una imagen de la escultura de la "Madre Pájaro" y, a partir de ahí, el mito de "Momo" tomó fuerza.

El año pasado, empezaron a surgir noticias en Latinoamérica que alertaban de un "juego de terror de WhatsApp", empezando por el presunto suicidio de una niña de 12 años en Argentina. La policía nunca confirmó una conexión con el desafío. Pero luego surgieron otros informes de un supuesto pacto de suicidio en Colombia, que insinuaban un riesgo viral más amplio, aunque también sigue sin confirmarse. De nuevo, meses más tarde, las autoridades de México informaron de que los niños estaban siendo atacados y amenazados por "El Momo" en Facebook.

. . .

Para septiembre, las historias del desafío comenzaron a captar la atención de la policía y la prensa en Estados Unidos.

Momo hizo su reaparición en 2019 después de que el pánico se extendiera por el Reino Unido. Las escuelas comenzaron a emitir severas advertencias a los padres; la policía dijo que algunos videos animaban a los niños pequeños a "tomar un cuchillo en su propia garganta." En cuestión de días, evolucionó hasta convertirse en una moda al por mayor en Estados Unidos.

Un apasionado post de la usuaria de Twitter Wanda Maximoff despegó con decenas de miles de retweets antes de que la cuenta fuera finalmente suspendida.

"¡Atención! Por favor, lean, esto es real", decía el tuit.

"Hay una cosa llamada 'Momo' que está instruyendo a los niños para que se suiciden", se lee en la captura de pantalla adjunta de una publicación de Facebook. **"INFORMAD A TODOS LOS QUE PODÁIS"**.

• • •

Kim Kardashian elevó la noticia, pidiendo a sus 129 millones de seguidores de Instagram que presionaran a YouTube para que retirara los vídeos supuestamente dañinos.

Un aluvión de reportajes televisivos, junto con las noticias locales y nacionales, comenzaron a aconsejar sin aliento a los padres sobre las formas de "proteger a los niños de un juego perturbador de Internet."

Sin embargo, se perdieron en la cobertura todos los ejemplos de las versiones autentificadas del desafío de Momo, incluidas las capturas de pantalla de los "mensajes amenazantes" o los vídeos confirmados que promueven la violencia.

El experimento ruso del sueño es un mito urbano muy popular que comenzó a circular por Internet en los foros de creepypasta a principios de la década de 2010.

• • •

La historia cuenta que unos científicos de la época soviética crearon un estimulante que creían que permitiría a los soldados no necesitar dormir hasta 30 días. Decidieron probar su nuevo gas en cinco prisioneros, prometiéndoles su libertad al terminar el experimento.

Encerraron a los cinco hombres en una cámara hermética y comenzaron a bombear el gas. A los pocos días, los hombres mostraban el tipo de paranoia y psicosis que es un síntoma típico de la privación del sueño.

Pero a medida que pasaba el tiempo, empezaron a actuar de forma aún más extraña.

A los 15 días del experimento, cuando los científicos ya no podían ver a los hombres a través del grueso cristal de la cámara, ni oírlos a través de los micrófonos, llenaron la habitación de aire fresco y la desbloquearon. Allí descubrieron que uno de los hombres estaba muerto, y los cuatro sujetos de prueba supervivientes presentaban heridas terriblemente violentas, algunas de las cuales parecían autoinfligidas.

. . .

Los intentos de sedar a los hombres fueron infructuosos o los llevaron a la muerte en el momento en que perdieron el conocimiento. Finalmente, cuando uno de los investigadores preguntó en qué se habían convertido exactamente estos hombres, el último sujeto de prueba superviviente le dijo que representaban el potencial de maldad que existe en todos los seres humanos, que suele ser contenido por el sueño, pero que se había desatado por su constante vigilia.

Según un vídeo de The Infographics Channel en YouTube, que ofrece resúmenes animados de acontecimientos de la historia, la actualidad y la literatura, es casi seguro que el experimento ruso del sueño tiene su base en la ficción. Por un lado, la única fuente original de la historia parece ser un sitio web dedicado a contar historias espeluznantes (inventadas). Pero incluso la ciencia no se sostiene.

Aunque hay algo de verdad en las afirmaciones de que las anfetaminas se han utilizado para mantener a los soldados alerta en tiempos históricos de guerra, no hay pruebas científicas de que exista un gas que pueda mantener a alguien despierto durante 15 días. Y los estudios han descubierto que después de sólo 48 horas sin dormir, las personas tienden a volverse más lentas, desorientadas, propensas a cometer errores y, en definitiva, menos eficaces como soldados.

Sin embargo, quienquiera que haya inventado la historia del experimento ruso del sueño merece puntos por su escritura creativa... si no por la exactitud médica.

Conclusión

Las leyendas urbanas forman parte de la sociedad desde hace décadas. Aunque tienen similitudes con el folclore y los rumores, las leyendas urbanas tienen su propio nicho en la sociedad.

Con la comodidad y la comunicación virtual instantánea de Internet, las leyendas pueden difundirse más lejos y más rápido que nunca.

Tomando las distintas teorías discutidas como un todo, se pueden identificar los puntos comunes que explican por qué la gente cree y comparte las leyendas urbanas.

Las leyendas proporcionan una manera de que la gente se vincule entre sí.

Incluso si un grupo está formado por personas que no se conocen entre sí, compartir una historia sobre cómo un minorista local se niega a apoyar a las tropas o cómo una cadena de restaurantes local utiliza ingredientes de baja calidad en sus platos puede hacer que el grupo se sienta cohesionado. Compartir la indignación por el hecho de que Starbucks no envíe café a las tropas de Oriente Medio, por ejemplo, es una forma fácil de que el grupo tenga algo en común y se vincule.

Después de todo, ¿quién no estaría indignado de que una cadena nacional con mucho dinero le negara a nuestras tropas, que luchan contra el terrorismo, el simple placer de un buen café?

Los miembros del grupo no sólo tienen la oportunidad de compartir la fantasía de la historia, sino que también pueden unirse por la indignación de una cadena internacional gigantesca que es tan codiciosa que ni siquiera dona un poco de café para enviar a las tropas -que lo pidieron- en el extranjero. Además, la naturaleza humana puede llevar a un miembro del grupo que no se crea la historia o que no crea estar escuchando toda la historia a no expresar su incredulidad, ya que podría poner en peligro su aceptación en el grupo.

Al mismo tiempo, la persona que compartió la historia no sólo ha creado una oportunidad para que el grupo converja, sino que también ha conocido posiblemente algunas necesidades emocionales al hacerse sentir importante por romper el hielo y compartir la tentadora información a la que los demás han respondido con una fuerte emoción.

Aunque no hay una respuesta única que explique todas las leyendas y su continua popularidad, hay elementos de todas las teorías que coinciden o se solapan. Tienden a tocar una fibra emocional que atrae al público y vende una idea que es lo suficientemente salaz para mantener el interés, pero lo suficientemente plausible para ser creíble.

. . .

Según Brunvand, hay señales que indican que una historia puede ser una leyenda. Cuando se explotan las emociones o se satisface alguna necesidad, estos signos apenas importan y pueden pasarse por alto fácilmente.

Una persona puede pensar: "seguro que el amigo de un amigo no suele ser fiable, pero esta vez sí". Tal vez el receptor de la información tenga fuertes opiniones sobre un tema político y la historia valide esas opiniones.

¿Por qué la persona, que ahora se siente mejor, posiblemente incluso triunfante sobre su postura, se apresuraría a averiguar si lo que le han contado es realmente cierto?

Tomemos el rumor de que las prendas fabricadas y enviadas desde países extranjeros están infestadas de parásitos que podrían causar graves enfermedades o incluso la muerte a los seres humanos que, por desgracia, compraron esos productos. Al reenviar un correo electrónico que diga "no sé si esto es cierto, pero por si acaso", la persona quizás logre emociones positivas al sentir que ha ayudado a otros. Tanto si la recompensa es permitir que los grupos se unan, que las personas se sientan importantes o útiles, que se disipen los miedos, que se contraataque o que se validen las opiniones, las leyendas urbanas tienen una forma de aprovechar algún lado emocional de las personas que fomenta la creencia y la continuidad de las leyendas.

www.ingramcontent.com/pod-product-compliance
Lightning Source LLC
Chambersburg PA
CBHW072017070526
44583CB00015B/1524